팀이 내 맘대로 안 돌아갈 때는

팀 코칭
ALIGN

권은경 · 김종철 · 김현숙 · 남윤정 · 이형준 공저

학지사BIZ

머리말

　현재의 기업들은 불확실하고 급속한 변화와 도전에 대응하기 위해 인재를 재배치하거나 시스템을 바꾸며 체질을 유연하게 개선하고 있습니다. 기업의 사회적 책임과 윤리적 가치 추구는 지속 가능한 성장에 필수가 되었습니다. 기업들은 그동안 조직을 지배했던 수직적인 조직 문화를 수평적인 조직 문화로 바꾸기 위해 직급체계와 호칭을 바꾸고 업무 프로세스에 변화를 꾀합니다.

　그러나 현장에서 팀의 성과를 이끌어야 하는 리더들의 고민은 더욱 깊어지고 있습니다. 회사의 규모, 급여나 복지제도 등을 보고 입사했지만 팀을 떠나는 고능력자나, 시간은 투자하지만 열정과 잠재력의 투자는 망설이는 조용한 방관자, 자기 업무 외에도 관리하고 책임질 일이 많은 팀장으로의 승진을 피하는 고연차 구성원들을 이끄는 일은 리더에게는 어디에서도 배운 적이 없는 숙제이자 도전입니다. 권위에 의존하는 기존의 리더십은 더 이상 성공을 보장하지 않습니다. 최고의 능력을 가진 사람들이 모였다고 반드시 최고의 성과를 내는 팀이 되지는 않습니다. 그렇기에 팀이 일하는 방식과 팀을 변화시키는 새로운 방법이 필요합니다.

이제는 개인에서 팀의 동기와 변화로 관심의 전환이 필요합니다. 그동안 조직들도 개인에게 동기를 부여하고 자기 주도적인 변화를 일으키기 위해 다양한 노력을 해 왔습니다. 교육과 훈련은 물론 조직의 임원이나 리더를 중심으로 코칭을 제공하는 회사들이 빠르게 늘어나고 있습니다.

코칭이 고객의 실천을 돕는 리더십 방법론으로 소개된 이후, 현장의 니즈와 전문지식을 갖춘 다양한 코치의 참여로 코칭은 지속적으로 발전해 왔습니다. 코칭은 일대일로 진행하는 개인 코칭에서 그룹 코칭으로, 다시 팀을 직접 코칭하는 팀 코칭으로 진화했습니다. 특히 팀 단위로 진행되는 기업 현장에 코치들이 직접 들어가 팀을 코칭한다는 것은 결과에 대한 책임감과 부담감을 동시에 줍니다.

불확실성이 주는 불편함을 뉴노멀로 받아들여야 하는 VUCA시대에는 팀과 조직의 지속가능한 성장이 관건입니다. 효율성뿐만 아니라 효과성도 높은 성장을 이루기 위해서는 방향성이 중요합니다. 팀의 구성원에서 팀, 조직 더 나아가 고객과 조직을 둘러싼 이해관계자들에 이르기까지 각각의 목적이 한 방향으로 일치되어 나아갈 때 불확실한 변화에 대처할 수 있는 리더십을 발휘하게 됩니다. 팀과 조직의 목표와 목적을 달성해야 하는 이유가 팀원 개개인의 목적, 팀의 목적, 조직의 목적, 이해관계자들의 목적과 모두 부합하는 방향으로 정렬된다면, 각자의 가치도 존중되어 서로의 목적을 이루어 주는 보다 의미 있고 열정적인 팀 게임을 해낼 수 있습니다.

이러한 종류의 팀 게임을 하기 위해서는 모든 시스템의 역동을 알아차릴 수 있는 센스가 필요합니다. 그동안의 코칭이 목표 달성이라는 결과 창출 과정에서 불거지는 이슈를 코칭하는 데 집중하였다면, 새로운 판의 팀 코칭은 팀의 시스템적 맥락에서 팀 활동의 효율과 효과성에 집중합니다. ALIGN 팀 코칭 모델은, 첫째, 팀원과 팀을 함께 몰입시키는 가슴 뛰는 비전과 강력한 목적, 둘째, 그 비전과 목적을 성취하기 위한 팀의 건실한 구조, 셋째, 팀의 목표 달성과 그에 필요한 역량을 갖춘 인재, 넷째, 업무진행을 위한 최적의 업무 수행 프로세스, 다섯째, 건강하고 신명나는 에너지를 불어넣을 후원환경을 위한 구조를 디자인하여 팀원과 팀 리더 그리고 팀 코치가 함께 유기적으로 팀 코칭에 개입하도록 기획 하였습니다.

이러한 시스템을 창조해 가도록 모든 시스템을 아우르는 팀 코칭 방법론에 집중하게 된 이유는, 고객에게 도움이 되는 팀 코칭을 하기 위해 현재까지 시중에 나와 있는 책과 논문 등을 읽고 공부를 해 보았지만 현장에 적용하는 데에는 어려움이 있다는 것을 알게 되었기 때문입니다. 어떤 부분이 팀 코칭에 도움이 된다는 것은 알지만 단편적으로 답을 주는 경우가 대부분이고, 어떻게 하면 된다는 방법론에 있어서도 구체적인 방법을 알려 주지 않다 보니 실제로 코칭에 적용하기에는 한계가 있습니다. 이것이 저자들이 팀 코칭에 대해 전체적이면서도 구체적인 내용을 다룬 책이 있었으면 하는 생각을 하게 된 계기입니다.

또한 승진 및 다른 영역에서 일을 하다가 갑자기 리더가 되어 팀을 맡게 된 경우, 리더라는 지위와 권한만으로 조직이 원하는 빠른 성과를 만들어 갈 수 없습니다. 조직과 구성원을 알아 가고, 연결하며 서로 협력을 이루어 성과를 내기까지 많은 시행착오와 시간이 필요할 수도 있습니다. 이는 외국과 한국의 문화 차이에서 기인하는 부분도 있다고 봅니다. 예를 들어, 외국에서는 일 년간 한 달에 한 번씩 코칭 프로젝트를 진행하는 경우가 많다면 한국에서는 세 달 안으로 빠르게 끝내 달라는 요청을 많이 받습니다. '빨리빨리'의 민족으로 단기간에 집중적으로, 바로 효과가 나타나기를 기대하는 것이죠. 최대한 효과를 볼 수 있는 방법으로 합의하지만 확실히 주어지는 기간은 짧습니다. 또한 일적인 부분 이외에 사람과의 관계나 부분보다는 전체적인 흐름을 고려하는 경우도 많습니다.

코칭을 잘 마치고 나올 때 해당 팀의 팀장이 책을 추천해 달라고 하면, 팀장이 팀 코칭을 이해하고 적용할 만한 책을 추천하기도 어려웠습니다. 이에 왜 팀 코칭을 해야 하는지, 팀 코칭이 무엇이며 기존의 접근법과의 차이는 어떤 것인지, 어떻게 해야 팀 코칭을 잘할 수 있는지, 팀 코칭에는 어떤 역량이 필요한지에 대해 그동안 해왔던 공부와 현장에서 겪었던 경험을 담아 책을 만들었습니다.

이런 분들에게 이 책을 추천해 드립니다. 조직과 팀을 만들어 가는 리더, 당장 구성원과 함께 팀을 꾸려 가야 하는 팀장, 글로벌화와 코로나 팬데믹 이후 더 많이 형성되고 있는 가상의 팀 리더, 현장에서 코칭을 하고 있는 코치, 스타트업을 비롯한 학교나 커뮤니티 등에서 팀을 형성할 때 협력을 만들어야 하는 리더에게 이 책은 든든한 지침서가 될 수 있습니다.

팀 코칭에 대한 정보는 아직 많지 않습니다. 지금과 같은 불확실하고 변화무쌍한 시대에는 성과보다 지속성장의 토대 구축이 절실

합니다. 그렇게 해야 팀과 팀원들의 자발적 사고, 행동을 끌어낼 수 있으며 그들의 잠재력과 지혜를 발휘할 수 있기 때문입니다.

팀 코칭은 한 번의 이벤트가 아닙니다. 참여하는 팀의 능력과 지혜, 새로운 사고와 행동을 촉진함으로써 팀원의 상호 학습과 성장이 일어나는 과정입니다. 이는 저자들이 코치로서 다양한 코칭 현장에서 팀 코칭을 수행해 오며 목격했던 사실입니다.

이 책은 코칭을 사랑하는 다섯 명의 인증된 코치가 팀 코칭의 이론과 팀 코칭 현장 경험을 바탕으로 토의하고, 공부하고, 정리하여 만들었습니다. 사례를 제공해 준 T사의 조직문화팀과 팀원들께 진심으로 감사드립니다. 팀 코칭을 준비하고, 실행하려는 조직, 팀, 팀장님 그리고 코치님에게 도움이 되기를 바라며, 저희의 노력이 대한민국 코칭 발전에 작게나마 디딤돌이 되기를 기대합니다.

2023년 9월
저자 일동

차례
CONTENTS

제**1**장

왜 팀 코칭이 필요한가

TEAM COACHING ALIGN

1. 변하는 세상, 다르게 일하는 방식을 요구한다

1) 최고의 인재들이 모인 팀이 최고의 성과를 내는 것은 아니다

2021년 8월 31일 아침, 한 장의 사진에 전 세계의 이목이 집중되었다. 녹색을 띠는 사진에는 헬멧을 쓴 한 명의 군인이 오른손에 긴 총을 들고 막 수송기에 탑승하고 있다. 전날 밤 11시 59분 아프가니스탄 수도 카불을 마지막으로 떠나는 미국의 마지막 군인인 82공수사단장 크리스토퍼 도너휴(Christopher Todd Donahue) 소장을 야간 투시 장비로 촬영한 사진이다.

　이 사진은 2001년 9·11 사태로 시작된 20년간의 전쟁에 마침표

[그림 1-1]

출처: AFP

를 찍는 순간으로 기록되었다. 이 사진으로 미국은 '한 명의 동료도 적군의 손아귀에 남겨 놓지 않는다.'라는 것을 전 세계에 보여 주었지만, 이 전쟁을 미국의 승리로 평가하는 사람은 많지 않다. 전쟁 초반에 미군은 강력한 화력으로 승기를 잡았으나 곧 험한 산악지역에서의 게릴라전과 자살 폭탄 테러로 공격하는 알 카에다, 탈레반의 공격에 번번이 고전했기 때문이다. 그들의 모습은 우리가 상상하는 모습과 차이가 있다.

세계 최강의 화력과 Delta Force, SEAL, Ranger 등 특수부대에서도 엘리트들을 모아 구성한 합동 특수 작전 본부 JSOC(Joint Special Operation Command)는 전쟁 초반부터 알 카에다의 공격에 패배를 거듭했다고 보고했다. 특수부대에 비해 알 카에다는 조직다운 조직도 갖추지 못했고, 체계적인 군사훈련도 받지 못했다. 통신 장비나 무기도 특수부대와는 비교할 수 없이 취약했다. 그런데 어떻게 엄격한 평가기준으로 선발된 인재들로 구성된 특수부대라는 조직이 무기 다루는 법만 겨우 익혀 전쟁에 참가한 알 카에다 조직에 패할 수 있었을까?

『팀 오브 팀스(Team of Teams, 2016)』의 저자이며 2009년부터 JSOC의 책임자로 복무한 4성 장군인 스탠리 맥크리스털(Stanley Allen McChrystal)은 잘 준비된 전략과 절차 또는 리더의 지시만으로는 급변하고 불확실한 환경에서 살아남을 수 없다고 강조한다. 기존의 탁월한 팀은 효율성과 생산성을 강조했다. 다양한 정보를 취합해서 전략을 만들면 탁월한 리더가 결정을 내리고 팀원들은 일사불란하게 그 결정을 수행한다. 조직은 낭비와 실수를 줄이기 위해 강력한 위계질서와 절차 등 정확하게 일하는 방식을 중요시한다. 그러나 그들이 직면하는 현장은 많은 경우 예측을 벗어난다. 본부에서 내려지는 전략과 전술은 무용지물이 된다. 한치 앞을 내다볼 수 없다. 매뉴얼에 맞추어 현장에서 벌어지는 상황을 보고하고 지시를 기다리는 동안 적의 총알이 날아온다. 올바른 절차에 따라 전략을 수행하다가 벌어지는 일이다. 효율성을 추구하며 일을 올바르게 하는(Doing things Right) 방식이 한계를 맞이한다.

반면 알 카에다는 처음부터 그럴 계획으로 준비되고 만들어진 것은 아니겠지만 친구나 가족들의 모임처럼 조직되었다. 그들은 서로 장단점을 알고 신뢰하며 정서적으로 연결돼 있다. 그들은 접근할 수 있는 모든 정보를 공유한다. 그것은 하나의 집단 의식이 된다. 그 팀은 하나의 유기체처럼 스스로 판단하고 행동한다. 함께 일하면서 서로 배우고 깨닫고 새로운 지능으로 무장하며 변화된 환경에 적응한다. 조직의 리더가 제거돼도 다시 누군가가 리더가 되어 팀을 이끈다. 예측할 수 없이 빠르게 변하는 상황에 유연하게 적응하며 한 가지 목표에 집중한다. 그들은 뚜렷한 목표를 가지고 있다. '싸워 이겨 살아서 돌아가는 것'이다. 그들에게는 살아서 돌아가는 것보다 더 중요하게 지켜야 될 매뉴얼은 없다. 이런 목표는 그들에게 강력한 동기가 된다. 그들은 올바른 일(Doing the right thing)을 하는 것에 집중한다. 그들은 목표와 정렬(align)하고 효과성을 고려한다. 그들의 유연함이 효율적인 프로세스를 이긴 것이다.

최고의 능력을 가진 사람들을 모았다고 반드시 최고의 성과를 내는 팀이 되는 것은 아니다. 팀은 일하는 방식에 따라 개인의 능력을 단순히 합한 것보다 더 큰 성과를 낼 수 있다.

2) 변하는 세상, 다르게 일하는 방식을 요구한다

과학을 경영에 도입하여 생산성과 효율성을 획기적으로 개선한 프레드릭 테일러(Fredrick Winslow Taylor)는 대량 생산으로 전환을 이룬 2차 산업혁명과 3차 산업 혁명에 기여하고 기업의 관리시스템의 근본을 제공했다. 오늘날에도 기업은 비효율적인 요소를 줄이기 위해 작업과정을 세분화하고 조직을 단순화하려는 노력을 계속한다. 대량 생산을 하는 공장의 경우 특히 효율과 생산성을 높이기 위해 과학적 분석과 공정(process) 최적화에 집중한다.

그러나 오늘날 기업이 놓인 환경은 아프가니스탄에서 전쟁을 하고 있는 미 특수부대 앞에 놓인 환경과 유사하다. 예측하지 못한 상황은 종종 기업의 경영 전략을 무용지물로 만든다. 언제 또 코로나19나 러시아와 우크라이나 전쟁같은 상황이 기업을 위협하게 될지 아무도 예측할 수 없다. 4차 산업시대를 맞이한 기업의 환경을 흔히 VUCA 시대,[1] 즉 변동성(Volatility), 불확실성(Uncertainty), 복잡성(Complexity) 그리고 모호성(Ambiguity)이 큰 시대로 표현한다. 이런 세상에서는 종종 잘 준비된 전략이나 조직의 작업 절차는 그 효과를 발휘하지 못한다. 오히려 현장에서 개인의 판단과 결정이 더욱 중

---

1) VUCA라는 말은 1985년 Warren Bennis와 Burt Nanus의 리더십 이론을 기반으로 만들어진 약어이며 미국 육군 대학에서 처음 사용되었다.

요해졌다. 이제 기업은 기존의 생산성과 효율성을 추구하던 방법만으로는 살아남기 어려워졌다. 한 사람의 결정으로 일사불란하게 진행하던 방식은 때로 거대한 사각지대를 만들어 조직을 위태롭게 만들 수 있다. 이제 다르게 일하는 방식이 필요하다.

기업은 불확실하고 급변하는 변화와 도전에 대응하기 위해 유연하게 인재를 재배치하거나 시스템을 바꾸며 체질을 개선하고 있다. 그동안 조직을 지배했던 수직적인 조직 문화를 유연하고 수평적인 조직으로 바꾸기 위해 직급체계와 호칭을 바꾸고 업무 프로세스를 개선한다. 나이, 성별, 국적을 초월하여 탁월한 인재를 상시 채용한다. 채용한 인재들이 자기 역량을 최대한 발휘하고 조직의 성과에 기여하기를 기대한다. 그들이 회사를 떠나지 않고 조직에 몰입할 수 있도록 동기를 부여하고 협력을 강화하는 방법을 고민한다. 구성원의 욕구에 귀를 기울이고 앞다투어 구성원의 행복을 강조한다. 기업의 사회적 책임과 윤리적인 가치 추구는 지속 가능한 성장에 필수가 되었다. 고객과 구성원에게 인정받지 못하는 기업은 살아남기 어렵기 때문이다.

변화는 조직이나 개인에게 생존을 위한 불가피한 선택이다. 이제 리모트 워크(Remote work)[2]는 대세가 되었다. 코로나가 끝나도 리모트 워크는 부분적으로 지속될 것이다. 2021년 가을 갤럽(Gallup)의 조사에서는 45%의 근로자가 재택근무를 하고 있다고

---

2) 리모트 워크(Remote Work)란 기존에 정해진 장소에 모여서 일하는 것이 아니라, 이동하면서 또는 집이나 기타 장소에서 업무를 수행하는 것을 말한다.

보고했다(Saad & Wigert, 2021).[3] 조사에 따르면 91%의 근로자가 앞
으로도 리모트 워크를 원한다고 한다.

여전히 많은 구성원은 일터에서 좌절하고 스트레스를 받는다.
많은 구성원은 이제 조직에서 부속품으로 취급 받거나 지나치게
통제 당하는 것을 피하고 싶어 한다. 그들은 조직을 위해 맹목적으
로 희생하기를 거부한다. 미국에서 진행된 수많은 연구에 의하면
직원의 3분의 2 가까이가 회사에서 지루하거나 외롭거나 지쳐서
계획이나 프로젝트에 집중하지 못한다. 조직의 요구에 적당히 무
임승차할 방법을 찾거나 오히려 방해할 마음을 먹기도 한다.

그렇다면 알 카에다의 구성원들은 어떻게 목숨을 걸고 싸울 수
있었을까? 포근한 잠자리도, 제대로 된 훈련도 그리고 최신 무기도
제공받지 못한 그들은 어떻게 좌절과 고통을 견디면서 싸울 수 있
었을까? 우리는 언제 자신이 하고 있는 일을 위해 고통을 참아가며
최선을 다하고 싶을까?

2. 일터에서 행복한 직원이 성과에 기여한다

1) 일하기 좋은 기업이 성과가 좋은 이유

30년이 넘도록 하루의 반 이상을 보내는 일터에서 시간과 에너

---

3) 25%는 Full Time, 20%는 part-time 재택근무이다.

지를 온전히 사용하기는 어려운 일이다. 일터에 도착하는 순간 자신을 숨기고 조직에서 요구하는 모습으로 변신하기도 한다. 일하는 척하고 능력 있는 척, 좋은 사람인 척한다. 부족함과 고통을 감추고 필요한 도움을 요청하지 못한다. 많은 동료와 일하지만 진심으로 마음을 나눌 동료가 없어 외롭다.

구성원은 조직에서 자신의 잠재력을 발휘하고 성장을 위한 투자를 망설인다. 자기 업무 외에도 관리하고 책임질 일이 많은 팀장으로의 승진을 피한다. 오히려 단순한 일을 하고 적당한 월급을 받으며 오래 다닐 수 있는 일터에 만족한다. 즐거움과 행복은 일터가 아닌 곳에서 찾는다. 힘들게 자투리 시간을 내어 잠시나마 즐거움과 행복감을 느끼며 조직 생활의 어려움을 달랜다. 이렇게 일하는 것은 개인에게도 조직에게도 마이너스이다. 인생에서 중요한 시기에 가장 많은 시간을 보내는 일터에서 불행하기에는 인생이 너무 짧다.

세계적으로 권위있는 경제 전문 잡지인 『포춘(Fortune)』은 해마다 GWP(Great Place to Work: 일하기 좋은 100대 기업)를 선정하여 발표한다. 그들은 새로운 시대에 필요한 경영은 구성원들의 생각, 태도, 행동수준을 바꾸는 것에 집중해야 한다고 판단했다. 이를 위해 매년 87만 명 이상의 직원 설문조사와 6백만 명 이상의 직원을 대표할 수 있는 회사들의 규모, 산업, 위치, 재무적인 성과 등의 데이터를 기반으로 수천 개의 조직을 평가한다. 그들이 집중하는 것은 직원들이 회사에서 느끼는 긍정적인 경험이다. 긍정적인 경험에 영향을 주는 요소는 신뢰, 존중, 공정성, 자부심, 동료애 등이 있다. 일터에서 느끼는 긍정적인 경험은 조직의 성과와 성장에 영향을 주기 때문이다.

데카트론(Decathlon)은 2013년에 91억 달러의 매출을 올리던 다국적 기업이다. 이 회사는 2013년부터 직원들의 자유와 책임을 강조하며 기업문화를 바꾸는 활동을 시작했다. 회사는 2017년 127.9억 달러의 유기적인 매출 성장을 이루고 2017년과 2018년 프랑스에서 일하기 좋은 직장 1위를 차지했다. 비슷한 예로 세계적인 타이어 제조 업체인 미쉐린도 관리자들의 역할을 코치로 전환하고 직원들의 긍정적인 경험에 집중하면서 2018년 일하기 좋은 직장 1위에 올랐다. 미쉐린은 2015년 8억 유로 정도였던 잉여 현금이 2017년에는 15.9억 유로로 거의 두 배로 성장했다(Carney & Getz, 2018).

지금 다니는 회사에 만족하는 직원들도 많다. 갤럽의 연구에 의하면 직장에 만족하는 직원이 반드시 생산적이지 않다고 한다 (Gallup, 2020). 그들은 맡은 일에 시간을 투자하지만 에너지까지 투자하지는 않을 수 있기 때문이다. 조직에서 기대하는 직원은 스스로 열정을 가지고 일하는 직원이다. 지속적으로 높은 수준의 목표를 세우고 혁신과 변화를 추구하는 직원이다. 갤럽에서는 그들을 '몰입된 직원(engaged employee)'이라고 정의한다. 자신의 업무에 관망하는 태도를 취하는 '만족한 직원'들과 다르게 '몰입된 직원'은 자기 업무에 적극적인 태도를 보인다.

2012년 갤럽의 조사에 따르면 세계적으로 직원의 13%는 업무에 몰입하지만 63%는 업무에 몰입하지 않으며, 24%는 적극적으로 업무에 몰입하지 않는다고 한다(Gallup, 2023)[4]. 그에 비해 데카트론

이나 미쉐린 같은 일하기 좋은 기업은 70% 가까운 직원이 적극적인 업무 몰입도를 보이고 높은 내재적 동기부여를 갖고 있다고 한다.

2) 의미 있는 목적이 행복의 원동력이다

사람마다 행복의 요소는 다르다. 등산을 좋아하지 않는 사람에게 산에 오르는 것은 고통이 될 수 있겠지만 등산을 좋아하는 사람에게 산에 오르는 것은 의미 있는 행위가 된다. 그들에게 산에 오르며 느끼는 고통은 오히려 산의 정상에 올랐을 때 더 큰 기쁨이 된다. 때로 더 힘들고 도전적인 산을 찾아 나서기도 한다.

긍정심리학자인 마틴 셀리그먼(Martin Seligman)은 즐거움만 추구한다고 행복한 것은 아니라고 강조한다. 그는 사람들이 좋아하고 의미 있는 일에 자신의 재능을 발휘할 때 즐거움과 행복을 느낀다고 말한다. 나아가 그것이 더 큰 목적에 기여할 때 행복과 충만함을 느낀다고 강조한다. 그는 "행복은 마법처럼 일어나지 않기 때문에 일상에서 의미와 목적을 적극적으로 찾고 다른 사람들과 희망을 키우고 우정을 쌓아라."라고 충고한다. 성공한 사람들이 모두 행복하지 않을 수 있지만 행복한 사람은 성공할 확률이 높다. 성공해야 행복할 수 있다고 믿는 것은 착각일 수 있다.

의미 있는 목적은 행복의 강력한 원동력이다. 산에 오르는 것이

---

4) 2012년 13%에서 해마다 조금씩 증가하던 몰입도는 2022년 23%까지 증가했다 (Gallup, 2023).

자신에게 중요하고 의미가 있는 사람은 스스로 도전적인 목표를 세운다. 한국의 100대 명산에 모두 오를 계획을 세우거나, 해외의 4,000m가 넘는 고봉을 등반하려는 목표를 세우고 훈련을 받기도 한다. 의미 있는 목표가 있을 때 최선을 다하며 어려움을 극복하고 스스로 더 큰 목표에 도전하게 된다. 자신에게 중요하고 의미 있는 것에 열정과 시간을 투입하며 최선을 다하게 된다. 의미 없는 목표를 위해 모든 것을 바칠 이유가 없지 않은가? 매일 자신의 업무가 자신이 소중하게 여기는 가치를 실현하는 활동의 일부가 된다면? 일터가 내가 좋아하고 잘할 수 있는 역량과 재능을 발휘하며 의미 있는 목적을 실현하는 곳이 된다면 어려움을 극복하고 최선을 다하며 행복할 수 있지 않을까?

3. 이제 팀 코칭이다

1) 개인 의지에 의존하는 변화는 한계가 있다

개인에게 동기를 부여하고 자기 주도적인 변화를 위해 조직들도 다양한 노력을 해 왔다. 교육과 훈련은 물론 조직의 임원이나 리더들을 중심으로 코칭을 제공하는 회사들이 빠르게 늘어나고 있다.

코칭은 모든 개인을 온전한 존재이자 창조적이며 필요한 모든 자원을 가지고 있는 존재로 본다. 코칭은 스스로 선택하고 책임지는 자율성을 강조한다. 코칭 리더십을 발휘하는 리더는 구성원들이 스스로 자기 생각과 행동을 점검하고 성장하는 자가발전(自家發電)적인 변화를 추구한다. 그럼에도 변화를 거부하는 사람을 변화시키는 것은 리더들에게 큰 도전이다. 자기 생각을 의심하지 않고 자신이 옳다고 생각하는 구성원들은 변화를 흉내내지만 결코 변화가 자기 것이라 받아들이지 않는다. 코칭을 통해 새로운 생각과 각오로 조직에 돌아온 리더들에게 변화를 거부하는 구성원들은 큰 도전이다.

팀원들도 팀장이 교육을 받고 코칭을 하려고 하면, "팀장님, 오늘 왜 그러세요? 그냥 평소 하던 대로 하세요."라며 거부반응을 보이기도 한다. 그러다 보니 팀장들도 한두 번 시도하다 그만두는 경우가 많다. 팀장 역시 자신은 문제가 없는데 구성원들이 못 따라와서 성과가 안 나온다고 생각하는 경우가 많다. 모든 구성원들이 변하기를 기대했지만 본인이 상상하는 수준의 결과가 나오지 않으면 '내가 코칭을 해 봤는데 별 효과 없어.'라고 속단한다. 무엇이든 효과가 나오려면 임계점까지 에너지를 집어넣어야 하는데 장애물을 만나면 금방 포기한다. 변화해야만 하는 이유만큼이나 변화를 방해하는 요소도 많다. 변화하고 싶은 마음을 가로막는 외부요인들을 무시하고 많은 경우 개인의 의지에만 의존한다. 개인에 의존하는 변화는 지속가능하지 않다. 코칭이 문제가 아니라, 개인의 의지에게만 의존하는 변화가 문제이다.

2) 팀이 일하는 새로운 방식, 팀 코칭

팀이란 그냥 개인들을 모아 놓은 합이 아니다. 진짜 팀은 구성원들이 같은 목표를 위해 화학적으로 결합하고 다른 레벨의 노력을 하여 혼자 이룰 수 없는 더 큰 성과를 만드는 구성원들의 모임이다. 몸만 함께하는 것이 물리적인 결합이라면 화학적 결합은 마음과 정서도 함께하는 모임을 말한다. 팀을 화학적으로 결합하고 잠재력을 동원하여 스스로 감동할 수 있는 큰 성과를 이끌어 내는 데에는 그것에 걸맞은 방법이 필요하다. 기존의 권위에 의존하는 리더십은 이미 도전을 받고 있다. 주어진 상황에서 열심히 일하면 된다고 생각했지만 이제 그 방법은 한계를 드러냈다. 팀이 일하는 방식과 팀을 변화시키는 새로운 방법이 필요하다.

팀을 이끄는 데에도 필요한 방법과 순서가 있다. 그동안 이론적으로 밝혀진 팀의 성공비결과 이들을 이끄는 데 효과적이었던 방법이 '팀 코칭'이라는 이름으로 정리되고 있다. 분명한 것은 이 방법들이 지금도 계속해서 발전하고 있으며 현장에서 많은 적용을 통해 효과적이고 체계적인 방법들로 활용되기 시작했다는 것이다.

국제코칭연맹(International Coaching Federation, ICF)에서는 팀 코칭을 '공동의 목적과 공유된 목표를 달성하기 위해 능력과 잠재력을 최대화하도록 영감을 주는 방식으로 팀과 팀의 역동성 및 관계를 바탕으로 창조적이고 성찰적인 과정에서 파트너가 되는 것'이라고 정의하고 있다. 팀 코칭은 리더와 구성원들이 함께 일터에서 의미를 발견하고 자신의 성장을 조직의 성장과 연결(Align)하여 지속 가능한 변화를 이끈다. 팀 코칭은 회사 업무가 자기 가치 실현을 위한 의미 있고 가슴 뛰는 활동이 되고 자발적이고 주도적으로 몰입할 수 있는 동기를 느끼게 한다.

우리는 무의식적으로 많은 외부 자극에 영향을 받는다. 개인 간의 조합은 다양한 역동을 만들어 낸다. 일터에서도 부족한 인력, 무임승차하는 동료, 제때 공급되지 않는 정보, 명확하지 않은 역할과 책임, 효과적이지 않은 조직구조 등 개인을 둘러싸고 있는 조직의 다양한 요소에 의해 개인의 동기와 열정은 영향을 받는다.

팀이 속한 더 큰 시스템도 영향을 준다. 함께 내린 팀의 의견과 결정이 더 큰 상위 조직의 결정으로 자주 무시되는 경험을 한다면 팀은 변화의 에너지를 잃는다. 팀에서 필요한 요청을 무시하는 조직, 불필요하거나 복잡한 업무 규정과 절차, 공정하다고 느껴지지 않는 승진이나 보상 시스템 등도 변화 동력에 영향을 준다. 팀이 속한 조직뿐 아니라 조직이 속한 산업과 사회의 변화도 영향을 준다.

팀 코칭은 개인의 내면 변화를 통해 성과를 내는 방식(inside-out)뿐 아니라 개인과 팀을 둘러싸고 있는 외부 환경의 영향과 다양한 이해 관계자들의 요구(outside-in)를 동시에 고려한다. 개인들이 모여 팀을 이루고 탁월한 성과를 낼 수 있도록 일하는 판(板)을 바꾼다.

3) 팀 코칭은 리더십이다

그동안 '팀을 이끄는 리더십'하면 유명한 스포츠 감독의 리더십이 유행하곤 했다. 2002년 월드컵에서 4강을 이룬 이후에는 히딩크 리더십이 인기였고, 박지성 선수가 맨체스터 유나이티드에 있을 때는 퍼거슨 리더십, SK 와이번스가 성과를 낼 때는 야신 김성근 리더십 등으로 유명인의 리더십을 흉내 냈다. 하지만 이런 단편적인 현상의 모음으로는 원하는 결과를 얻을 수 없다. 남의 것을 흉내 내는 리더십은 진정성을 전달하기도 어렵고 지속 가능한 변화를 만들 수 없다.

리더의 역할은 다양하다. 리더는 팀의 비전과 방향을 설정하고 실행 계획을 수립한다. 예산과 진행사항을 관리하며 필요한 자원을 조달하고 분배한다. 업무와 시스템을 구조화하고 팀을 대표해서 팀의 성과를 외부에 알리기도 한다. 당면한 과제를 효과적으로 수행하기 위해 팀원들의 역량을 활용하고 그 결과를 측정하고 피드백하며 전략에 반영한다. 그 과정에서 장애물을 해결하고 협력과 몰입을 촉구한다. 팀 코칭은 구성원들이 팀의 목표를 위해 집단 자원을 조정하고 업무에 적절하게 사용할 수 있도록 돕는 직접적인 상호작용이라는 점에서 리더십 활동의 일부지만 가장 관심을 적게 받고 있었다(Hackman & Wageman, 2005).

리더가 추구하는 가치와 전략, 리더의 결정과 행동이 구성원의 욕구를 강화시키지 못한다면 개인은 조직에서 심리적인 이직 상태로 언제든 전환될 수 있다. 이런 이유로 리더십은 좀 더 개인의 욕구와 심리상태를 민감하게 이해하고 다루는 것에 집중되어야 한다.

코치는 팀 코칭을 통해 한 방향으로 구성원들을 정렬(align)하고 영감을 주며 지속적인 행동 변화를 촉진한다. 코치는 목적에 따라 퍼실리테이션, 멘토링을 섞어 가며 팀에 필요한 경험을 함께 만든다. 리더는 팀 코칭 과정에서 경청과 공감 그리고 지시를 질문으로 바꾸는 역량을 경험하고 배운다. 상대를 온전한 존재로 대하는 것의 중요성과 그 효과를 현장에서 확인한다. 상대의 감정과 느낌, 숨

어있는 노력과 의도를 발견하고 표현하는 소통 기술과 사회적 감수성의 중요성을 깨닫는다.

이런 소프트 스킬을 배운 리더는 중요한 회의에서 다양한 아이디어를 모으고 회의의 결정사항을 구성원들이 구성원들 자신의 선택으로 인식하고 책임지는 것을 돕는다. 팀 회의나 전략을 수립할 때 개인의 생각을 거리낌없이 표현할 수 있는 분위기를 만든다. 특별한 프로젝트를 위한 팀(Task Force Team)을 이끌 때도 구성원들의 동기와 몰입을 촉진하며 프로젝트의 성공 가능성을 높인다. 팀 내 갈등으로 감정과 자원이 낭비되지 않도록 동료와의 갈등을 성숙하게 해결하며 상호 신뢰를 돕는다.

팀 코칭을 통해 리더가 성장하고, 리더의 성장은 구성원들과 팀의 성장이 되어 성과로 나타난다. 리더는 개인의 욕구를 다루어 상호 신뢰를 구축하고 집단 지성을 활용하며 창조적인 해결책을 촉진한다. 구성원들은 적극적으로 결정에 참여하고 자기 결정을 책임진다. 팀은 필요한 교육과 훈련을 스스로 제안하고 참여한다. 변화의 결과를 통해 자신의 성장을 확인하고 더 큰 도전을 시작하는 자가발전적인 학습 프로세스가 팀 내부에 구축되며, 지속 가능한 성과의 기초가 만들어진다. 팀 코칭이 리더십의 일부가 되어야 하는 이유다.

4) 팀 코칭은 팀을 하나의 유기체로 만든다

자연이 변하는 환경에 적응하며 진화하듯, 팀은 하나의 유기체처럼 변화에 유연하게 대응하며 발전하는 것이 필요하다. 팀 코칭은 팀이나 구성원을 고정되어 있고 한계가 있는 존재가 아니라 외부 환경에 유연하게 대응하며 변화할 수 있는 잠재력이 있는 가능성의 존재로 본다.

팀 코칭을 통해 개인은 팀에서 동료들과 상호 의존적인 존재임을 인식한다. 팀이 하나의 유기체처럼 생각하고 행동하기 위해 구성원 각자는 각자의 역할과 전문적인 역량을 존중하고 지지한다. 하나의 공동 목표에 집중하면서 다른 동료의 의견과 역할을 존중하고 배려한다. 동료들과 공감하고 작은 고통과 어려움을 민감하게 알아차리고 즉시 지원한다. 그들의 고통이 나의 고통이다. 이런 민감한 공감력으로 팀의 건강을 스스로 점검하고 유지한다. 이 방식으로 팀의 사회적 감수성이 발달하고, 팀은 하나의 유기체처럼 생각하고 행동하는 존재로 성장한다.

사회적 감수성은 팀의 촉수가 되어 외부 환경 변화를 민감하게 감지하고 내부로 전달한다. 변화에 필요한 대응을 하기 위해 즉시 내부 시스템을 작동시킨다. 누구의 지시를 기다리지 않고 스스로 필요한 행동을 하고 동료에게 솔직한 피드백을 망설이지 않는다. 유기체를 구성하고 있는 뼈대와 장기들이 제대로 작동하고 있는지 점검하고 필요한 것을 함께 정의하고 발전시킨다. 서로 믿고 의지하기 위해 필요한 행동 규범을 만들어 실천한다. 그것들이 모여 팀의 가치관과 정체성이 되고 문화가 된다. 비로소 팀의 집단 리더십이 성장하는 것이다.

변화가 중요하고 의미가 있어도 그것이 이루어질 수 있다는 희망을 느낄 수 있어야 한다. 희망은 마법 같은 생각이나 환상이 아니다. 목적을 추구하는 과정에서 일하는 팀원들과 서로 신뢰하며 함께 목표를 이룰 수 있다는 자신감을 느끼는 것이다. 이때 자신의 시간과 재능을 변화에 투자하고 기쁨을 느낄 것이다. 만약 스스로 잠재력과 역량을 조금 참고 싶다면 무작정 참기보다 그것에 영향을 주는 요소를 동료들과 점검해야 한다.

5) 팀 코칭은 목표와 성과를 한 방향으로 정렬(align) 한다

글로벌 컨설팅 업체 맥킨지(Mckinsey & Company)는 5,000명 이상의 근로자를 대상으로 회사에 입사하거나 퇴사를 결정할 때 중요하게 여기는 요소가 무엇인지를 조사했다. 일반적인 예상과 달리 '높은 보수'를 선택한 사람은 25%도 되지 않았다. 높은 고용 안정성을 선택한 사람은 8%이고 적절한 업무 강도와 낮은 스트레스를 선택한 사람은 1%였다. 반면, '자유와 자율성'과 '신나는 도전'을 선택한 사람들이 50%가 넘었다. 우리는 모두 내가 즐겁게 능력을 발휘하고 인정받을 수 있는 좋은 일터가 필요하다. 하루의 대부분을 보내는 일터에서 삶의 의미를 찾고 행복을 느끼는 것이 중요하다.

누구나 자기가 중요하게 여기는 것을 우선시한다. 과거도 그랬고 미래도 마찬가지일 것이다. 평생직장이 보장되고 개인의 개별성보다 획일성이 요구되던 시대에는 힘들어도 참고 끝까지 견디는 게 당연한 미덕이었다. 지금은 다르다. 개인과 회사의 이익이 일치하지 않을 때 무작정 회사를 위해 희생하라고 강요할 수 없다. 구성원은 리더나 조직을 위해 억지로 참고 봉사하지 않는다. 조직은 혼자 할 수 없는 일을 여럿이 모여 해내는 곳이다. 조직을 위해 일하도록 강요하면서 구성원이 자발적으로 몰입하고 최선을 다하기를 기대하는 것은 모순이다. 구성원이 자기 업무를 잘하는 것이 조직에도 필요한 일이지만 조직도 구성원의 미래 가치 성장에 도움이 돼야 한다. 구성원은 내 이익이 조직의 이익이고 조직의 이익이 내게도 이익이 된다는 것을 알게 되었을 때 최선을 다한다. 이때 회사가 자신에게 의미 있는 장소가 된다. 팀 코칭은 팀과 개인의 욕구와 이익을 정렬한다.

조직에서 필요한 변화는 조직의 성과를 위한 것이다. 만약 개인의 성과가 팀의 성과와 직접적인 관련이 없다면? 팀의 성과가 더 큰 조직의 성과에 기여하지 못한다면? 개인 팀 조직의 성과는 한 방향으로 정렬(align)되었을 때 의미가 있고 극대화된다. 팀 코칭은 팀의 이해 관계자들의 기대와 욕구를 점검하고 팀의 목표와 정렬(align)한다. 그렇게 수립된 팀의 목표가 개인의 가슴을 뛰게 하는 강력한 목적으로 정렬(align)하는 과정을 중요하게 다룬다. 그 작업이 쉬운 작업은 아니지만 불가능한 것은 아니다. 또한 비록 같은 가치로 정렬되지 않았더라도 구성원이 조직의 가치와 목표를 납득하고 수용할 수 있다면 또는 개인의 이익과 가치를 위한 여정에 필요하고 도움이 되는 과정이라는 것을 인정한다면 적어도 팀이 원하는 목표와 정렬된 여행을 함께 할 수 있을 것이다.

4. 탁월한 성과, 행복한 조직

1) 좋은 팀을 넘어 탁월한 팀으로

코칭은 인식 확장을 통해 새로운 관점을 제공한다. 새로운 관점은 새로운 행동으로 이어진다. 변화된 행동은 더 나은 성과로 그 효과를 증명한다. 물론 하루 아침에 변화를 만들어 내는 코칭은 드물다. 좋은 코칭은 고객과 코치가 함께 만들어 간다.

한 번의 팀 코칭이 변화를 자극하고 파동을 만들 수 있겠지만 지속 가능한 성장과 문화로 정착하기 위해서는 인내와 투자가 필요하다. 팀 코칭을 통해 리더들은 구성원을 직접 코칭하는 인터널 코치로 성장한다. 리더들은 전문 코치와 함께 코칭을 받고 코칭을 시도하면서 구성원을 리더로 성장시키며 조직 내부에 자발적 성장 문화를 정착시킨다. 그것은 조직의 성과와 구성원의 만족도로 증명할 수 있다.

리더들은 자신만의 개성과 리더십을 가지고 있다. 개인과 조직의 맥락에 대한 이해 없이 어떤 리더십이 더 좋다고 말하기 어렵다. 강력한 추진력으로 성과를 내는 리더, 화합과 협동을 이끌며 구성원들을 지원하며 성과를 내는 리더, 미래에 대한 비전을 제시하고 먹거리를 발굴하는 리더 등 다양한 강점을 가진 리더들이 있다. 억지로 누구의 리더십을 흉내내는 것은 한계가 있다. 오히려 그들이 자신의 강점을 발휘하는 리더십을 지키면서 가장 자기다운 모습으로 구성원들을 이해하고 자발적 동기와 자신감을 고취하며 그들의 성장을 돕는 것이 코칭이다. 그런 점에서 코칭은 지금의 리더십이 잘못되었으니 새로운 리더십이 필요하다고 변화를 강요하는 것이 아니다. 오히려 가장 자기다운 리더십을 완성시키는 과정이다. 더 좋은 사람이 더 좋은 리더가 될 수 있다. 지금 성과를 내는 팀이나 리더, 영향력이 큰 리더일수록 코칭이 필요하다. 팀 코칭은 단순히 좋은 팀이 되는 것을 넘어 조직을 혁신하고 행동을 변화시켜 탁월한 팀으로 성장시킨다(고현숙, 2018).

2) 내가 원하는 조직을 직접 만들라

시대의 맥락에 맞지 않는 조직의 변화 요구에 구성원은 적극적으로 동참하지 않는다. 직원들이 필요한 것과 거리가 있는 혜택을 일방적으로 제공하면서 직원들의 행복과 복지를 최우선으로 고려한다고 강조한다면? 회사나 경영자가 생각하는 행복이 나의 행복과 거리감이 느껴지고 공감할 수 없다면? 우리는 조직에서 시키는 대로 시간을 보내며 일할 수 있지만 마음과 에너지까지 투자하며 몰입하지는 않는다.

조직은 혼자서 이룰 수 없는 더 큰 성과를 함께 만드는 곳이다. 조직의 일부가 참여해서 만든 방식을 모든 구성원에게 강요하는 것을 멈추고 일하는 방식을 결정하는 과정에 더 많은 개인을 초대해야 한다. 조직의 관리자들이 직접 앞에 나서 문제를 해결하기보다 팀에게 해결방법을 요청하는 것이 필요하다. 비전을 공유하고 개인들이 조직의 목표를 위해 가장 적합한 결정을 할 수 있는 자유와 책임을 허용하는 것에 집중하자. 구성원들의 성장과 협력을 방해하는 요소를 찾아서 개선하고 그들이 요청하는 것을 지원하자.

이제 개인들이 자기에게 맞는 조직을 찾아 방황하는 것을 멈추고 원하는 조직을 만들기 위해 직접 나서야 한다. 이때 비로소 회사는 개인의 가치를 실현하는 장소가 된다. 회사가 추구하는 가치는 가슴을 뛰게 하는 개인의 사명이 된다. 개인의 성장이 조직의 성장이 되고 조직의 성과가 개인의 성과가 된다. 개인 스스로 잠재력을 발휘하며 도전적인 목표를 수립할 용기를 낸다. 뿐만 아니라 세상의 변화를 민감하게 인식하며 새로운 대안을 준비한다.

3) 성과를 넘어 행복으로

개인의 변화를 넘어 팀과 조직의 변화를 돕는 것이 팀 코칭이다. 팀 코칭은 모든 팀 구성원들이 스스로 선택하고 책임지는 주인으로 행동할 것을 요구한다. 자신의 성공과 성장을 위해 팀과 동료의 성공이 중요하고 협업이 필요하다는 인식의 전환을 만든다. 인식의 전환은 자신의 가치를 위한 의미 있는 선택을 하도록 영감을 준다. 개인의 욕구를 참거나 무시하기보다 서로 중요하게 생각하는 욕구를 꺼내 논의하며 더 큰 가치로 정렬(align)한다. 동료의 가치와 중요성을 경험하고, 눈앞의 고통이나 이익보다 미래의 자신과 조직의 모습에서 의미와 가치를 발견하는 경험을 한다. 등산을 좋아하는 사람이 산에 오르는 고통을 감내하며 그 과정에서 행복을

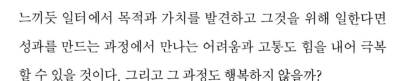

느끼듯 일터에서 목적과 가치를 발견하고 그것을 위해 일한다면 성과를 만드는 과정에서 만나는 어려움과 고통도 힘을 내어 극복할 수 있을 것이다. 그리고 그 과정도 행복하지 않을까?

팀 코칭은 자신에게 적합한 일터를 찾아 헤매는 개인들이 지금의 일터를 함께 행복할 수 있는 일터로 만드는 과정을 돕는다. 건강하고 행복한 일터를 만들고 짜릿한 성공을 경험하는 과정인 팀 코칭을 함께 알아보자.

제**2**장

팀 코칭이란 무엇인가

TEAM COACHING ALIGN

1. 팀 코칭에 대하여

1) 팀이란 무엇인가

혼자 일하는 사람을 팀이라고 부르지 않는다. 여러 사람이 공동의 목적을 위해 함께 일하는 조직을 우리는 팀이라고 부른다. 혼자 활동하는 마라토너나 연예인과 같은 스타일지라도 그들의 활동을 지원하기 위해 뒤에서 일하는 팀은 존재한다. 그 팀에게는 스타를 지원하는 것이 공동의 목표이다. 위키피디아에서는 팀을 '달성해야 할 목표, 이를 위한 접근 방식을 공유하고 연대 책임을 지며, 보완적인 기술을 갖춘 소규모의 집합체'라고 정의했다. 미국 노스웨스턴대학교 켈로그경영대학원 리 톰프슨(Leigh Thompson) 교수의 정의에 따르면 '팀은 정보, 자원, 지식, 기술 관점에서 상호의존적이면서 공통의 목표를 수행하기 위한 노력을 한 곳으로 합치기 원하는 사람들의 그룹'을 의미한다(Thompson, 2008). 즉, 팀은 함께 달성해야 하는 공동의 목표가 있고, 서로 상호의존하고 보완하며 함께 일한다는 특징이 있다. 그들은 결과에 대해 함께 책임지고 함께 수행해야 하는 공동의 작업이 있으며 왜 함께 일하는지 이유를 인지하고 누가 팀원인지 정확하게 알고 있다.

기업은 변화하는 환경에 대응하기 위해 꾸준히 변화하고 진화한다. 조직의 규모와 기능이 확대될수록 명확한 목표를 가진 팀 단위로 조직을 변경하고 팀의 역할과 책임을 중요하게 관리한다. 팀은 리더와 구성원들로 구성되어 있지만, 리더가 혼자서 판단하고 결정하기보다 급변하는 환경의 변화에 따라 최대한 모든 구성원의 역량 및 집단 지성의 활용을 중요하게 여긴다.

따라서 팀은 공동의 목적과 목표를 가지고 상호의존적으로 일하는 사람들의 모임으로, Team Diagnostic Survey-Team Report(Wageman & Lehman, 2017)에서는 팀을 다음과 같이 설명하고 있다. "공동의 목표가 있고, 누가 우리 팀인지 정확하게 알고 있어야 하며, 팀원은 모호한 사람이 없이 확실하게 이 팀이라고 소속감을 느껴야 한다. 그리고 하나 이상 공동 작업이 있고, 결과에 대해 상호 책임이 있다."

2) 팀 코칭의 정의와 효과

국제코칭연맹(ICF)은 팀 코칭을 '공동의 목적과 공유된 목표를 달성하기 위해 능력과 잠재력을 최대화하도록 영감을 주는 방식으로 팀과 팀의 역동성 및 관계와 함께 공동으로 창조적이고 성찰적인 과정에서 파트너가 되는 것'이라고 규정하고 있다. 또한 팀 코칭은 팀이 지속 가능한 결과와 개발을 가능하게 해 주는 경험으로 팀 빌딩, 팀 교육, 팀 컨설팅, 팀 멘토링, 팀 퍼실리테이션과 같은 방식과 함께 팀 개발의 범주로 보고 있다.

피터 호킨스(Hawkins & Smith, 2006)는 팀 코칭을 팀의 사명을 명확히 하고 외부 및 내부 관계를 개선함으로써 팀이 부분의 합보다 더 나은 기능을 하게 하는 것이라고 정의하였다. 그는 팀 퍼실리테이션, 팀 빌딩, 팀 개발 및 팀 코칭 사이의 차이를 명확히 하기 위해 많은 연구와 작업을 진행했는데, 이를 통해 얻은 것이 시스템적 팀 코칭이다. 팀 코치가 함께 일하는 팀이든 떨어져 일하는 팀이든 전체 팀과 일하면서 집단적인 성과와 작업 방식 모두를 향상시키도록 돕는 프로세스로서 모든 주요 이해관계자 그룹과 함께 더 큰 사업의 변혁에 보다 효과적으로 참여하기 위해서 집단적 리더십을 개발하는 프로세스(Hawkins, 2011)라고 정의했다.

클러터 벅(Clutter Buck, 2007), 해크먼과 웨지먼(Hackman & Wageman, 2005)은 팀 코칭을 팀 구성원이 팀 작업을 수행하는 데 공동자원을 적절히 사용하고 조정하도록 돕는 직접적 상호작용이라 정의했다. 이와 같이 학자들은 팀 코칭을 리더십 유형의 일부로 보고 있다. 팀을 설계하고, 목표와 팀원들의 업무와 권한을 명확히 하며, 목표를 위한 구성원들의 업무 진행을 관리하고, 문제를 해결하거나 장애물을 극복하는 것들이 리더의 대표적인 업무다. 리더들은 구성원의 동기를 강화하기 위해 필요한 피드백과 인정, 칭찬 등을 통해 구성원을 격려하고 팀의 협동을 돕는다. 학자들은 이런 리더들의 활동을 구성원과 리더가 함께하는 팀 코칭을 통해 효과적으로 진행할 수 있다고 설명한다.

팀 코칭의 효과에 대한 관심이 높아진 것은 개인 코칭과 리더십 개발을 통해 달성할 수 있는 것의 한계를 깨달은 데서 비롯되었다고 볼 수 있다(Hawkins, 2021). 예를 들어, 팀은 리더와 구성원이 함께 역량을 모으며 판단하고 결정하므로, 개인의 성장이 팀에서 제대로 발현되어 결국 팀의 성과로 나타날 수 있기 때문이다. 따라서 팀 코칭은 리더와 구성원들 개인이 가지고 있는 역량과 경험을 팀

의 성과 창출에 효과적으로 활용하기 위한 활동으로, 구성원들이
필요한 정보를 적합한 시점과 방법으로 제공할 방법을 모두 함께
머리를 맞대고 만들어 내는 집단지성을 발휘한다.

다음 TEAM COACHING:RESULTS[3] 허드슨 코칭 연구소의 팀 코
칭 프로젝트(Hudson Institute of Coaching, 2014)에 의하면 팀 코칭을
통해 얻게 될 결과를 3가지로 정리하였는데 비즈니스 성과, 고성과
팀이 되는 것, 그리고 팀원 개개인의 전문적 성장이 그것이다.

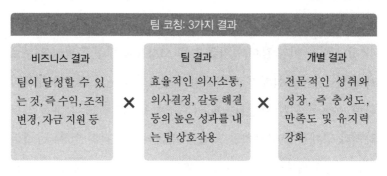

[그림 2-1]

출처: Hudson Institute of Coaching(2014).

조직으로부터 부여받은 비즈니스 과업을 달성하고, 효과적인 커
뮤니케이션, 의사결정, 갈등 해결을 통해 고성과 팀으로 개발되며,
구성원 개개인의 성취와 성장의 결과를 얻는 것이다. 정리하면 팀
코칭은 비즈니스, 팀워크, 팀원의 성취와 전문적 성장을 통합적으
로 지원받는 팀 개발 접근법이라고 할 수 있다.

팀은 다양한 유형으로 존재한다. 또한 팀의 형태에 따라 회사에
서 주어진 목적을 위해 만들어진 팀, 일시적으로 특정 문제를 해결

하기 위해 조직된 프로젝트 팀, 주 업무 이외에 별도의 업무를 해결하기 위해 특별한 목적으로 모인 가상 팀 등으로 나누어질 수 있다. 이런 팀들이 직면하게 되는 문제상황들은 목적과 비전이 공유되지 못하거나, 목표와 방식이 한 방향으로 정렬(align)되지 않은 상태로 결과를 종용하거나, 종종 개인 간 권한과 책임에 대한 오해, 갈등, 장애물이나 새로운 과제의 등장 등에서 나타난다. 특히 팀이 생긴 지 얼마 되지 않았을 때 이런 주제는 더욱 중요하다. 이 같은 경우에 팀 코칭은 팀을 하나로 만들고 팀의 목적과 목표, 일하는 프로세스 개선을 돕는다. 이로써 팀은 앞으로 나아갈 수 있게 된다.

팀은 목적을 함께하고 갈등과 도전을 극복하며 성장한다. 지금 성과를 내고 있는 팀도 다가오는 환경의 변화와 성장을 위해 개선점을 찾고 함께 노력하는 것이 중요하다. 팀의 목표와 목적을 이뤄 나가고, 팀이 당면한 과제뿐만 아니라 여러 팀이나 이해관계자들과의 원활한 협력을 통해 더 큰 성과를 창출해 내는 것이 팀 코칭 수행방식의 한 모습이다.

3) 팀 코칭과 다른 팀 개발 접근법과의 차이

팀 개발 접근법은 다양하다. 팀 코칭과 다른 접근법은 유사점도 있지만 차이점도 있다. 이 차이점을 이해해야 팀 코칭이 더욱 팀 코칭 다워 진다. 팀 퍼실리테이션, 팀 빌딩, 그룹 코칭과 팀 코칭의 차이점을 살펴보면 다음과 같다.

(1) 팀 퍼실리테이션 vs 팀 코칭

한국퍼실리테이션협회는 퍼실리테이션에 대해 '그룹이 하는 일을 쉽고 편리하게 해내도록 참여를 촉진하고, 의견을 반영하여 보다 효율적이고 효과적인 결과물을 이끌어 내도록 돕는 활동'이라고 정의하고 있다.

퍼실리테이션은 'facile'이라는 라틴어에서 유래되어 '쉽게 해 준다, 편하게 해 준다, 가능하게 해 준다'는 의미이다. 그리고 팀 퍼실리테이션의 목표는 대화 촉진 차원에서 아이디어 발산과 수렴에 많이 사용된다. 그런 의미에서 팀 퍼실리테이션의 활용은 팀 프로세스 및 효율성을 향상시키기 위해, 쉽게 참여하고 다양한 생각을 공유함으로써 구성원이 팀에 몰입하게 할 수 있다. 그에 반해 팀 코칭의 목표는 퍼실리테이션의 활용을 넘어 팀 리더와 팀원, 팀원과 팀원 사이를 중심으로 그들 사이의 역동을 통해 잠재력과 창의력을 불러일으키고, 결과적으로 팀워크 향상, 팀과 리더, 팀원이 동반 성장하고 성취할 수 있도록 통합적으로 지원한다.

접근 방법에 있어 팀 코칭과 팀 퍼실리테이션은 일을 해결하는 방식과 활동 측면에서는 유사하지만, 그들의 초점이 어디를 향하고 있는지를 보면 분명한 차이를 알 수 있다. 퍼실리테이션의 초점은 문제해결을 위한 일, 단발성 이벤트인 반면에 팀 코칭의 초점은 사람으로, 팀 코칭의 접근 기저에는 팀과 리더, 팀원의 지속가능한 성장이 있기 때문이다.

한국퍼실리테이션 협회에 따르면 퍼실리테이션은 그룹의 구성원들이 효과적인 기법과 절차에 따라 적극적으로 참여하고, 상호

작용을 촉진하여 목적을 달성하도록 돕는 활동이라고 한다. 올바른 일 그 자체와 일하는 방식, 일을 통해 얻는 결과 등 모두 '일과 관련된 것에 초점'이 맞춰져 있다. 반면에 국제코칭연맹(ICF)은 "모든 사람은 창조적이고, 자원이 풍부하며, 전인적이다(Every client is creative, resourceful and whole.)"는 철학을 갖고 있다. 이에 따라 실행되는 코칭은 일을 발전시킬 뿐만 아니라 '일하는 사람 자체의 가능성과 성장'에 더 큰 초점을 맞추게 된다. 즉, 팀 코칭은 팀원 개개인의 정체성, 욕구, 신념 등 개인의 시스템 맥락, 서로 다른 구성원의 다양성을 존중하면서 서로의 역동, 역학 관계를 관찰하고 반영하여 수행한다. 물론 이것은 팀과 팀원들의 목적, 목표, 성장과 성과를 위해서다. 그러므로 팀 코칭은 다른 어떤 방법보다 일하는 사람을 성장시켜 일하는 방법과 협력을 증진시키고, 일시적인 해결이 아닌 지속 가능한 팀의 변화와 성장을 지향한다.

(2) 팀 빌딩 vs 팀 코칭

팀 빌딩은 팀원들의 작업 및 커뮤니케이션 능력, 문제해결 능력을 향상시켜 조직의 효율을 높이려는 조직개발 기법이다. 팀 빌딩에 있어 가장 중요한 것은 구성원에게 명확한 목적의식을 공유하고, 그 목적을 성취하려는 의욕을 고취시키는 것이다. 팀의 성공이 개개인의 성공보다 우선시되는 분위기를 만듦으로써 팀원들이 서로 적극적으로 협력하며 작업하게 만드는 것이 팀 빌딩의 핵심이다. 그밖에 구성원들이 서로 믿고 의지하는 관계 정립, 의사소통 개선, 구성원 각자의 임무 명확화 등을 통해 문제해결 능력과 작업수

행력 향상을 꾀한다. 팀의 결속과 기능을 향상시키는 기법이 팀 빌 딩이라고 할 수 있다.[1)]

팀 코칭이 팀 빌딩과 구분 되는 가장 명확한 기준은 앞서 팀 퍼실 리테이션과 마찬가지로 '코칭'에 있다. 팀 코칭은 구성원의 성향 분 석 및 반영, 팀의 역동성 분석 등을 보다 깊게 분석하여 간다. 또, 팀 원 개개인의 일하는 목적과 동기, 삶의 목적, 가치, 욕구, 강점, 성 취하려는 것을 표현하게 한다. 이를 팀의 공동 목표와 성과, 성장과 연결 짓게 하고 팀 구성원 간에 공유한다. 팀원 개개인의 성격과 그 관계의 수면 아래를 들여다보며, 이것이 팀 성과에 어떻게 영향을 주는지를 탐색한다. 반면, 팀 빌딩 대부분의 활동은 팀의 목표 달성 을 위한 일회성 프로그램 형식으로 팀 내 유대감과 팀 구성원들이 서로 잘 이해하고 관계를 만드는 것을 목적으로 진행된다. 팀 코칭 은 수개월 간 혹은 좀 더 긴 호흡으로 여러 세션에 걸쳐 운영된다.

(3) 그룹 코칭 vs 팀 코칭

그룹 코칭은 공통의 관심사를 가진 사람들이 동일한 주제하에 코칭을 받음으로써 상호학습의 효과를 증진시키기 위한 것이다. 동일한 주제 안에서 서로 다른 개인 목표를 갖고 있고 독립성도 강 하다. 그룹 내 개인들의 경험과 집단지성을 이용하여 풍성한 아이 디어를 얻는 데 초점을 둔다. 여러 명이 함께 그룹으로 코칭을 진행

---

1) 두산백과 두피디아. (2023. 03. 12.). '팀 빌딩'의 정의를 재구성.

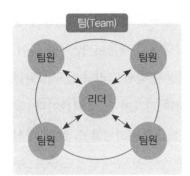
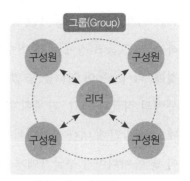

팀(Team)

팀원 팀원 리더 팀원 팀원

- 팀원 모두가 성과 책임
- 팀원 간 업무 협력(High)
- 팀 과제 수행이 목표
- 팀 역량(시너지) 중요

팀 Agenda, 팀 목표
결과: 팀 공동 책임
예) 종로지점 팀 코칭

그룹(Group)

구성원 구성원 리더 구성원 구성원

- 구성원은 기능적 역할
- 구성원 간 의무/책임 협력(Low)
- 개인/그룹 과제 수행이 목표
- 개인 역량 중요

그룹 Agenda, 개인 목표
결과: 개인 책임
예) 서울지역 지점장 그룹 코칭

[그림 2-2] 팀 코칭과 그룹 코칭의 특성 재구성

출처: 구자호(2015).

하지만, 이들은 같은 팀원이 아니다. 대부분 같은 직급의 다른 부서원으로 구성되는 경우가 많다.

[그림 2-2]는 팀 코칭과 그룹 코칭의 특성을 잘 보여 주는 예로, 그룹 코칭은 서울지역 지점장 그룹 코칭과 같이 리더십 역량 강화 등의 비슷한 관심사를 가진 사람들의 그룹으로 개인의 목표 달성과 개인 책임을 가진다. 팀 코칭은 종로지점 팀 코칭처럼 하나의 팀에 같은 구성원들이 공동의 팀 목표와 팀의 공동 책임을 가진다. 따라서 모든 팀은 그룹이지만, 모든 그룹이 팀은 아니다.

팀 코칭은 그룹 코칭의 한 유형이지만 같은 팀의 구성원인 경우에는 이해관계 및 역동이 복잡하다. 업무상 책임이나 일상을 공유하는 등 그룹 코칭에 비해 변수가 다양하기 때문이다. 예를 들어, 첫째, 의사소통이 어려울 수 있다. 팀장과 팀원 그리고 팀 구성원들 사이의 직급과 역할, 관계에 따라 상하 관계가 있기 때문이다. 둘째, 실행방안에 대한 아이디어를 내는 것을 어려워할 수 있다. 자신이 낸 아이디어가 누군가에게 새로운 업무로 부여되기도 하고, 누군가는 개선해야 할 행동일 수도 있으며, 자신이 낸 개선 방안이 팀 전체의 업무 부담이 될 수도 있기 때문이다. 마지막으로 참가자들끼리 실시간으로 모니터링이 된다는 것이다. 코칭 시간뿐만 아니라 나머지 시간도 계속적으로 함께 생활하기 때문에 서로에게 부담이 될 수 있다(김종명 외, 2021).

최근 신임 리더와 리더들 대상 그룹 코칭에서, 개개인은 변화되는 속도가 빠르나 그들이 돌아가서 팀이 변화되거나 조직이 변화되리라는 것은 확언할 수 없다. 이는 리더가 변했다고 해서 팀 전체가 변화되는 것은 아니라는 것이다. 이런 의미에서 팀 코칭이 조직 개발 차원에서도 대두되는 이유이기도 하다. 중요한 것은 팀 코칭이 어떤 이슈가 발생해서 그것을 해결하기 위한 일회적인 것이 아닌 팀 성장과 성과 달성을 위해 지속 가능하게 유지될 수 있는지에 초점을 두는 것이다.

팀 코칭을 받은 기업을 대상으로 한 2019년 Mckinsey & Company 리서치에 따르면 어떤 개입을 하지 않고도 잘 되는 팀을 언급했는데, 팀 코칭을 모르는 상태에서도 분명 팀을 잘 이끌어 가는 팀장이 있다. 이러한 팀은 10%를 넘지 않는다고 한다(Herb, et al., 2018). 이 책을 읽는 당신은 10%에 속하는가? 혹은 90%에 속하는가?

다음에 이어지는 팀 코칭의 이론적 배경과 ALIGN 팀 코칭 모델을 통해 팀 코칭을 더 깊게 이해하는 데 도움이 되길 바란다.

2. 팀 코칭의 이론

1) 팀 개발 방법의 발전과 한계

팀이 탁월한 성과를 꾸준히 내며 성장하기 위해서는 팀의 리더와 구성원들의 개인 역량뿐 아니라 팀이 당면한 문제를 해결하고 구성원들이 자기주도적으로 에너지를 투자하는 것이 중요하다. 그들은 동료의 역량을 존중하고 협력의 중요성을 인식한다. 자발적으로 헌신하고 혁신에 참여하면서 자기 일에 몰입한다. 어느 한 사람에 의존하기보다 팀 전체의 역량과 몰입을 이끌어 지속 가능한 성장과 혁신을 이끌어 내는 것을 중요하게 여긴다.

그동안은 팀이 당면한 문제 해결이나 팀워크를 개선하기 위한 활동으로 퍼실리테이션, 팀 빌딩 활동들이 오랫동안 조직에 사용되었다. 그 과정에서 필요한 개인의 역량이나 인식의 변화를 위해 개인 코칭과 교육들이 사용되었다. 때로는 개인 코칭이나 그룹 코칭을 팀에 확대 적용하기 위해 필요한 역량이나 팀의 도전과제를 해결하기 위한 활동을 팀 코칭이라는 이름으로 불러 왔다.

팀 성장을 위한 팀 빌딩은 단일 세션 이벤트로 진행하여 체험을 통해 배움을 끌어낸다. 이러한 경험은 몰입도가 강하고 팀 사기에 도움이 되지만, 이벤트를 마치고 팀의 일상으로 돌아가서 업무의 스트레스에 휩싸이면 배움은 쉽게 잊히고 다시 팀의 관성에 빠지게 된다(Palmer, 2015). 즉, 좋은 경험으로 의미 있는 대화를 나누었지만 팀이 상호작용하는 방식에는 변화가 거의 없다는 의미이다.

〈표 2-1〉 팀 개발 방식의 특징과 진화

	팀 빌딩	팀 퍼실리테이팅	그룹 코칭	팀 코칭
특징	단일 세션 이벤트를 통한 체험학습으로 팀성장을 이끌어냄	당면한 이슈를 해결하기 위한 팀의 문제해결 능력을 촉진 목적	팀 내 구성원의 리더십 개발 및 공통의 관심사를 목적으로 모임 구성원 개인이 이해관계자를 더 잘 참여시킬 수 있는 리더십 개발과 학습	팀 전체의 개발 및 학습 지속 성장하는 팀으로서 효과적으로 운영할 수 있는 전체적 시각과 방법론에 초점 모든 이해관계자와 함께 더 큰 가치를 창출할 수 있는 공유가치 창출에 목적
팀 개발 특성의 한계점과 진화 과정	일시적인 팀 사기에 도움되지만 곧 팀의 관성으로 돌아감 팀의 상호작용방식은 변화 없음	문제해결 이후에는 다시 이전의 일상으로 회귀함	팀으로서의 상호의존 상호 책무가 부재	팀 개발의 모든 특성을 활용하여 팀이 지속성장할 수 있는 학습과 역량 개발해 갈 수 있는 통합적 방법론

참조: Sandahl & Phillips(2019); Hawkins(2021).

다른 팀 개발 도구로 팀의 문제해결 능력을 촉진하기 위한 팀 퍼실리테이션은 특정 이슈를 해결하는 팀 개발 과정으로 문제해결을 하고 그 목적을 다하면 다시 이전 상태의 안전지대로 돌아간다.

팀 리더 혹은 탁월한 팀원 개발을 위해 개인 코칭 및 그룹 코칭을 하지만 실제 팀에서의 효과는 개인차가 크다. 그리고 개인 코칭을 받은 팀원들이 팀에서 서로 상호의존성을 보이는 것과 팀의 성과에 기여를 확인하는 것은 쉽지 않다.

이와 같이 팀을 개발하기 위해 그동안 시도된 다양한 팀 개발방식은 단기적 목표를 달성하는 효과가 있었지만, 지속적으로 팀의 성과를 보여 주는 것에는 미흡했다. 이제 당면한 문제해결뿐만 아니라 중장기 비전을 만들고 지속적으로 성장해 가는 팀의 조건을 만들고, 내부 학습을 통해 스스로 진화해 갈 수 있는 시스템 또는 팀 리더십을 만드는 방식이 팀 코칭으로 새롭게 정의되고 있다.

2) 팀 코칭의 탄생

기업은 위기가 아닌 때가 없다. 설사 위기가 아니더라도 팀 개발을 위한 비용은 늘 부담이 되고 그 효과성 검증 또한 도전이다. 많은 기업에서 팀 개발에 투자한 비용에 대한 ROI(Return Of Investment, 투자자본수익률)는 기대에 미치지 못한 것으로 드러났다. 리더나 인사담당자들은 늘 그 성과나 효과에 대해 도전을 받아 왔다.

조직 개발의 대가 피터 호킨스(Peter Hawkins)는 2021년 강연에서 자신이 그동안 구시대적인 패러다임에 사로잡혀 있었다고 고백

하면서 삶의 질, 다양성, 웰빙, 지속 가능성, 우리가 살아 숨 쉬는 모든 시스템적 수준에서 유익한 가치가 무엇인지를 추구하는 공유 가치를 창출하는 팀의 개발에 역점을 두지 않았다고 반성했다. 그 동안 방식이 투자 대비 효과적이 못했다는 점도 인정했다. 그는 이 제는 단순히 고성과를 내기 위한 팀 개발이라는 차원을 넘어, 모든 이해관계자와 함께, 지속 성장을 위한 가치를 창출할 수 있는 체계 적이고 유기적인 방식에 뿌리를 둔 개념과 모델에 역점을 두어야 한다고 말하며 변화된 세상에서 팀 개발에 대한 새로운 전환이 필 요함을 강조했다.

과거의 패러다임은 고성과 팀이 되기 위한 방법론에서 창출된 성과가 구성원에게 유익한 가치인지에 대해서 관심을 두지 못했 고 주주수익의 극대화에 지나치게 초점을 맞추어 왔던 것을 전문 가들은 반성한다(Hawkins, 2022). 이제 고성과 패러다임의 축을 회 사에 참여하는 모든 이해 관계자들의 공유가치를 창출하는 기업으 로의 전환이 오늘날의 조직과 팀에 부합한다는 점을 인식하고 있 다(Poter & Mark, 2011). 절실한 것은 이러한 이론을 현장의 팀에서 바로 활용하여 성장과 발전을 연습할 수 있는 실천 방법이다. 이를 위해 성과를 위해 일하는 방식을 향상시키고 모든 주요 이해관계 자들이 결정에 효과적으로 참여하며 집단적 리더십을 개발하는 팀 코칭이 빠르게 도입되고 있다.

팀 코칭을 받은 기업을 대상으로 한 2019년 McKinsey & Company 리서치에 따르면 지난해 대비하여 수익의 21% 증가, 23% 경제 수 익 증가, 29% 재정 수입이 증가하였다. 팀 코칭에 대한 관심을 갖기에 이보다 더 강력한 동기부여는 없을 것이다(Herb, et al., 2018).

3) 다양한 팀 코칭 모델

(1) 리처드 해크먼의 6 Condition 모델

팀 코칭에 대한 최초의 구조적인 접근은 하버드대학교 교수 리처드 해크먼(Richard Hackman)과 루스 웨지먼(Ruth Wageman)이 제안한 6 condition 모델이다. 6 condition 모델 이전에 존 카첸바흐(Jon Katzenbach)와 더글라스 K. 스미스(Douglas K. Smith)는 저서 『The Wisdom of Teams』(1992)에서 강조한 "고성과 팀은 구성원들이 자신보다 더 큰 무언가에 전념하는 모습을 묘사하며 고성과 팀의 특징은 열정과 헌신을 불러일으킬 수 있는 강력한 목적이 있다."는 점을 강조했다.

해크먼과 웨지먼은 팀 코칭을 '팀의 작업을 위해 구성원들의 자원을 조정하고 작업에 적절하게 사용하는 것을 돕기 위한 팀과의 직접적인 상호작용'이라고 정의했으며 결국 리더십의 행위로 드러난다고 주장했다. 효과성을 나타내는 팀과 그렇지 못한 팀을 '효과성이 있는 팀은 사내 사외고객을 만족시키며, 미래에 수행할 성과를 위해 역량을 개발하며, 구성원들은 팀 내에서 의미와 만족을 찾는다'고 정의한 바 있다(Hackman & Ruth, 2005). 30여 년 동안 팀을 연구해 온 해크먼과 웨지먼은 효과적인 팀이 갖추어야 할 요소로써 팀의 성과를 예측할 수 있는 6가지를 확인하였고, 이를 6 Condition이란 팀 코칭 모델로 완성시켰다.

팀 코칭의 목표를 팀의 자원과 결과의 효과성 증진에 두며, 팀의 효과성을 발휘하기 위해서는 단기적인 성과를 올릴 수 있는 효율성에 역점을 두기보다, 팀의 목적이 개인이 추구하는 가치를 충족시켜야 한다고 강조한다(Wageman, & Lowe, 2020). 단기적인 성과를 위해 업무 효율이나 생산성도 중요하지만 강력한 팀에게는 강력한 목적이 보다 중요하다고 본 것이다. 그때 구성원들은 팀에서 일하면서 의미와 만족을 찾게 되고 스스로 팀의 성과와 미래를 위해 역량을 개발하여 팀 효과성을 발휘하고 결과물이 증거로 나타나기 때문에 고성과 팀에 목적을 둔 카첸바흐와 스미스 박사의 연구와 차별점을 두었다.

해크먼과 웨지먼은 다양한 리더십 팀들과 작업을 하면서, 처음에는 적합한 구성원을 뽑고, 팀원들이 서로 이해하고 잘 어울리고 일에 동기부여된다면, 그 팀은 좋은 성과를 낼 것이라고 믿었다. 그러나 팀 개발을 위한 다양한 작업을 하면서 이것이 그저 가정이란 것을 알게 되었다. 팀 활동을 촉진하고 서로의 성격 유형과 팀 역할 선호도에 대한 피드백을 하며, 팀 갈등을 해결하고, 프로세스 컨설팅과 퍼실리테이팅 등 팀 촉진 프로세스를 제공하였다. 그러나 투자 대비 팀 성과가 향상되지 않았다.

이후 연구를 통해 얻은 결론은 팀의 목적에 대한 명확한 합의 없이 팀 목표와 역할로 팀의 목표달성을 위한 팀의 프로세스를 촉진할 때, 단기적 문제해결은 가능하지만 고가치창출 팀으로 지속성장은 하지 못하였다는 것이다. 그들은 2008년 127개의 리더십팀을 대상으로 한 광범위한 작업을 통해 팀 효과성을 발휘하는 데 필요한

6가지 조건을 개발하였고 실제로 이 기준을 적용했을 때 팀의 효과성 향상은 무려 40~60%나 개선되었으며 다양한 산업에서 효과가 입증되었다고 보고했다. 이를 바탕으로 효과적인 팀을 위한 6가지 조건을 구조화하면서 팀 코칭을 제안하였다. 6가지 조건은 필수 조건 3가지와 활성화 조건 3가지로 구성되어 있다(Wageman, & Lowe, 2020).

효과적인 팀을 만들기 위한 필수조건

① 리얼 팀(Real team)

팀의 효과성을 촉진하기 위해서 먼저 '어떤 구성원이 팀에 존재하는지 명확한 동의'가 필요하다. 이때 구성원들 간에 팀의 작업을 수행할 때 서로 상호의존성이 있어야 한다. 이는 버추얼 팀의 환경에서도 마찬가지이다. 상호의존감이 사라지지 않는 팀, 서로 조언과 지지를 구하고 상호 책무를 이행하는 팀이 실제 팀의 모습이다. 팀에 속한 구성원을 명확하게 안다는 것은 팀의 안정감에 기여하고 끊임없이 변화하고 있는 불확실성에 대한 관리를 돕는다. 팀이 함께 의미 있는 일을 성취할 수 있을 만큼 하나된 팀이 리얼 팀이며 비로소 팀의 목표를 효과적으로 완수할 수 있다.

② 강력한 목적(Compelling purpose)

강력한 목적은 기업의 미션도 아니며, 전략을 실행하는 개인의 역할에 대한 정의도 아니다. 강력한 목적은 기업의 큰 미션에도 기

여하면서 팀의 핵심 작업을 통해 이루고자 하는 의미 있는 목적이
다. 이 목적은 개인의 가슴을 뛰게 할 만큼 개인의 열정과 욕구를
자극할 수 있다. 팀원 모두가 분명히 이해하고 충분히 도전적인 강
력한 목적을 실현한 결과가 팀 구성원 개인에게도 유익한 가치와
연결되어야 한다. 이 목적은 다른 이해관계자들의 동의와 격려를
쉽게 얻을 수 있다. 이러한 동력은 팀을 움직이는 열정과 에너지가
된다. 이때 공유된 비전의 방향으로 이끌린다.

 팀의 필수조건 중에서 팀의 가장 많은 주의가 필요한 것이 강력
한 목적이라고 말한다. 연구에 따르면 팀 구성원들이 팀 미팅을 시
간 낭비로 생각하는 이유가 바로 목적이 정의되지 않거나 있어도
팀의 목적에 대한 진행사항을 다루는 적이 거의 없어서 팀의 존재
이유에 대한 열정을 느끼지 못하기 때문이라고 강조한다.

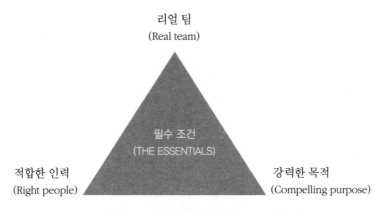

[그림 2-3] 효과적인 팀을 만들기 위한 필수조건

③ 적합한 인력(Right people)

팀에는 다양한 관점과 상호의존적인 역량을 가진 구성원들의 조합이 필요하다. 업무에서 탁월성을 발휘하기 위해 자신의 강점을 활용할 수 있는 기회가 충분히 주어져야 한다. 이때 드문 경우에 해당되지만 팀원 중 이탈자(derailers)를 정리한다. 왜냐하면 그들은 팀 내 최악의 상황을 끌어내고 다른 팀원을 약화시키기 때문이다.

효과적인 팀을 만들기 위한 활성화 조건

① 건강한 구조(Sound structure)

팀이 유기적으로 기능할 수 있는 규모를 유지하여, 함께 일할 때 해야 할 일과 하지 말아야 할 일에 대한 명시적인 규범을 갖춘 건강한 구조를 구축한다. 업무에 따라 다르겠지만 건강한 팀의 규모를 8~9명 이하의 구성원으로 권장한다. 팀의 고유하고 의미 있는 업무를 수행하기 위해 팀이 어떻게 행동해야 하는지에 관한 명확한 규범을 합의하는 것이 중요하다.

② 지원하는 조직환경(Supportive context)

효과적 팀 운영을 위해서는 업무 수행에 필요한 정보, 교육, 자원, 활용 및 역할과 책임뿐만 아니라 팀의 기여도를 핵심 성과지표(Key performance Index, OKR) 등으로 평가할 수 있는 성과 관리와 보상 구조를 가지고 있어야 한다. 보상 및 기술 정보를 포함한 더 큰 맥락에서 팀이 운영되도록 후원환경을 조성할 수 있는 구조와 시스템은 물론 훌륭한 팀워크를 촉진할 건강한 환경을 구축한다.

③ 팀 코칭(Team coaching)

팀의 자원을 잘 사용하도록 5가지 조건을 디자인한 후 진행과정에 팀원과 전체 구성원들에 대해 코칭이 이루어지도록 하는 팀 코칭이 필요하다.

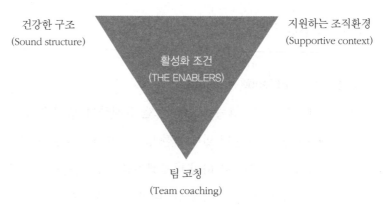

건강한 구조
(Sound structure)

지원하는 조직환경
(Supportive context)

활성화 조건
(THE ENABLERS)

팀 코칭
(Team coaching)

[그림 2-4] 효과적인 팀을 만들기 위한 활성화 조건

(2) 피터 호킨스의 Systemic Team Coaching 모델

피터 호킨스(Peter Hawkins)는 팀 코칭을 '팀의 사명을 명확히 하고 외부 및 내부 관계를 개선함으로써 팀이 부분의 합보다 더 나은 기능을 하게 하는 것'으로 정의했다. 이후 팀 코칭을 시스템적인 팀 코칭(Systemic Team Coaching)으로 확장하여 '집단적 성과와 작업 방식을 향상시키도록 돕는 프로세스로서 모든 주요 이해관계자 그룹과 함께 더 큰 사업의 변혁에 보다 효과적으로 참여하기 위해 집단적 리더십을 개발하는 프로세스'라고 정의했다(Hawkins, 2021).

2. 팀 코칭의 이론   61 ⚙

결국, 팀 코칭을 팀이 효과성을 발휘하기 위해 개발해야 할 핵심 원칙과 단계별 과정을 통합하는 시스템으로 다음과 같이 설명한다.

단계별 과정을 통합하는 시스템

① 1단계: 인사이드 아웃(Inside-Out) 방식으로 팀의 내부에 집중 팀의 역할과 기능을 최적화한다.

여기서 팀의 목적, 목표 역할을 정의하고 이를 위한 팀 내부의 역학이나 관계를 촉진하며 팀 내 문화를 개선한다.

② 2단계: 아웃사이드 인(Outside-In) 방식으로 외부부터 집중 팀이 누구에게 서비스를 제공하는지, 이해관계자들이 팀에게 무엇을 필요로 하고 원하는지 집중한다. 팀을 둘러싸고 있는 모든 주요 이해관계자들의 요구를 파악하고 소통하고 이를 효과적으로 달성하는 과정을 중요하게 다룬다. 2단계는 하나의 유기체로서의 시스템을 가진 팀이라는 전제에서 시작한다. 유기체로서의 팀은 효과적인 미팅구조가 있고 건강한 대화가 만들어지고 유기적인 협업을 통해서 업무 달성을 하는 과정을 중요하게 여긴다. 또한 2단계에서 팀 코칭은 주로 개개인의 욕구로 발생할 수 있는 파괴적 역동을 창의적이고 협업으로 만들어 내는 건설적인 역동으로 전환하는 건강한 팀의 구조 구축에 역점을 둔다.

③ 3단계: 과거에서 발생한 문제를 미래의 기대에서 해결

과거로부터 발생한 현재의 문제를 해결하기 위해 과거지향의 작업에서 미래의 현재화(future-back)에 집중하여 미래 고객이 필요로 하는 것, 다가올 미래에 무엇을 원하는지 집중할 수 있도록 코칭한다. 팀이 이러한 목표를 달성하기 위해 어떻게 다르게 기능해야 하는지 살핀다. 3단계는 단기적인 고성과에 집중하기보다 고효과성 팀으로서 지속적으로 공유가치 창출을 함께 이루어 가는 것에 집중한다. 팀원은 공동의 비전과 목적을 토대로 팀의 미션을 창출한다. 미래가치 창출에 주목하여 이해관계자들의 기대를 팀의 역동에 포함한다. 지속 성장을 하는 유기체로 팀을 만들기 위해서 보다 넓은 시스템의 관점에서 팀을 성찰하고 성장시킨다.

④ 4단계: 에코 팀

팀의 성공을 위한 과정에서 구성원, 조직 전체와 모든 이해관계자의 어떤 부분을 희생시킨다면 고성과 팀이 될 수 없다. 주변의 모든 이해관계자 그룹과 함께 가치를 창출하고 더 확장하여 비즈니스 생태계를 혁신하고 생태계에 이로운 환경을 조성하는 혁신을 만들어가며 함께 발전하고 확장(co-creating, co-evolution)한다.

『팀 오브 팀스』(2016)의 저자 맥 크리스털 장군이 강조하는 "높은 가치를 창출하는 팀은 모든 이해관계자와 함께, 그리고 그들을 위해 지속해서 유익한 가치를 창출하는 팀이다."라는 부분과 일치한다. 여기서 이해관계자란 고객, 공급업체, 파트너 조직, 투자자, 직원, 계약직원, 사업장이 속한 커뮤니티, 기업환경 등을 포함한다.

5가지 원칙

호킨스는 시스템적 팀 코칭 수행을 위해 중요한 5가지 원칙을 강조한다(Hawkins, 2021).

① 주어진 임무(Commission)

팀의 존재 이유와 팀이 수행해야 할 임무를 명확히 한다. 이때 수행할 목표의 성공을 평가할 수 있는 명확한 기준에 대한 합의도 필요하다.

② 팀의 역할에 대한 명확성(Clarifying)

팀 내부에서 스스로 팀의 임무와 목적을 명확히 하는 것이다. 팀의 목적, 핵심 가치, 전략적 우선순위와 목표, 성과 지표, 성공에 대한 비전, 합의된 역할, 작업 방법 등을 명확하게 합의하고 이를 팀의 헌장과 같은 형태로 정리할 수 있다.

③ 공동 창조하기(Co-Creating)

목적과 전략, 비전과 프로세스를 정리해도 이것을 실행하는 것은 큰 도전이다. 팀이 서로 끊임없이 창조적이고 생산적으로 일할 수 있는지 함께 고민하고 방법을 개발한다. 팀의 부정적 패턴과 자기 제한적 신념 및 가정을 알아차리고 소통과 적극적 참여를 위해 프로세스와 합의된 행동을 명확하게 설계할 필요가 있다. 이것들이 갈등과 논쟁을 해결하고 다양성과 포용성을 넓히며 팀의 수용력을 키운다.

④ 조직의 모든 이해관계자들과의 연결과 참여(Connecting)

팀의 목적과 목표를 가지고 협업을 통해 달성하는 것은 필수 요소이지만, 더 큰 가치를 창출하는 팀이 되기에는 충분하지 않다. 팀은 이해관계자와 집단적이고 개별적으로 연결되어 파트너 관계를 함께 만들며 가치를 창출한다.

⑤ 핵심 학습하기(Core learning)

학습조직으로서 끊임 없는 성찰과 성장을 추구한다. 앞에 4가지 핵심 요소 전체를 항상 점검하고 학습하고 발전시킨다. 팀의 성과와 프로세스를 성찰하고 배움을 팀 활동에 적용할 준비를 한다. 환경의 변화에 대응하고 성과만이 아니라 모든 팀 구성원의 학습을 지원하고 개발한다.

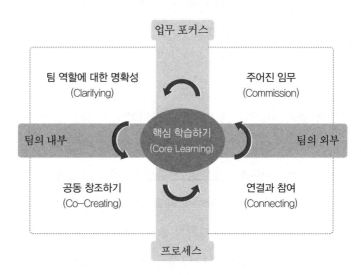

[그림 2-5] 시스템적 팀 코칭의 5가지 원칙

출처: Hawkins(2021).

(3) 구트먼의 LTA 모델

조직 개발 컨설턴트인 하워드 구트먼(Haward Guttman)은 이상적인 팀의 모습이 갖추어야 할 요소를 8가지 원리로 확장하였다. 그는 팀이 빠르게 성과를 내고 지속적으로 높은 비즈니스 결과를 창출하기 위해 팀을 한 방향으로 정렬하는 것에 역점을 두었다. LTA(Leadership Team Alignment) 모델로 팀이 통합된 자기주도적인 주체로서 모든 구성원이 함께 팀 활동을 할 수 있다고 강조한다.

LTA 모델의 8가지 특성은 다음과 같다.

① 팀은 비즈니스 우선 순위와 명확한 목적에 따른 목표에 팀원이 함께 합의를 도출하고,

② 팀은 도출된 합의에 따른 역할과 책임을 인식하는 과정에서,

③ 팀은 구성원 모두 자기 인식 및 시스템 인식에 대한 높은 수준의 감성지능 능력을 함양하며,

④ 팀은 구성원은 자신의 역할과 책임을 이행할 때 개인의 가치를 존중함과 동시에 팀의 공유가치를 존중하여 팀의 성공에 기여한다는 헌신적인 태도를 이해하고 실천한다.

⑤ 팀은 합의된 의사결정을 팀 리더십 프로토콜로 완성하여 팀의 새로운 안전지대를 구축해 감으로써

⑥ 팀은 비즈니스 결과에 대한 주인의식과 책무에 대한 책임을 지고,

⑦ 팀은 갈등관리가 안전하게 효율적으로 이루어지며,

⑧ 팀은 주기적으로 팀의 진행상황을 스스로 평가하는 팀 코칭 시스템을 구축한다.

8가지 리더십 요소를 개발하고 습득하면서 팀이 지속 성장할 수 있도록 함으로써 건강하고 성공적인 팀의 모습으로 정렬(align)되는 과정이 LTA 팀 코칭 모델이다.

팬데믹 이후 재택근무나 하이브리드 팀 활동 등으로 팀의 관계가 악화되고 있는 현상은 조직에 도전이 되고 있다. 구트먼도 이것을 피할 수 없는 현상으로 받아들이면서, 자신의 업무를 어떻게 잘해낼 수 있을지, 왜 그 일을 하는지에 대한 뚜렷한 목적의식이 없는 것을 염려한다. 그는 이런 도전을 적극적으로 대처하기 위해서 팀과 팀원이 의도적으로 강력한 목적에 의식을 집중하는 것이 필요하다고 강조한다(Guttman, 2022).

(4) 그 밖의 팀 코칭 모델

터크먼(Tuckman, 1965)은 팀의 진화과정을 형성기(forming), 격동기(storming), 규범기(norming), 성취기(performing), 해산기(mourning)로 구분한 팀의 수명주기에 따르면, 초기 팀이 구성되고 팀이 해체되는 단계에 따라 팀의 요구가 다르고, 뿐만 아니라 팀의 유형에 따라서도 단계별, 유형별로 팀 개발과 관리가 달라져야 했었다. 팀의 진화과정에 따라, 팀의 발달모델을 어느 정도 예측 가능하여 대처할 수 있었다. 현재도 일반적으로 5단계를 거치지만 오늘날의 팀은 속도와 복잡한 팀의 기능을 감안할 때 단계별 코칭 접근은 한계가 있다. 오늘날의 빠르게 변화하는 비즈니스 환경에서 팀은 지속적으로 형성되고 재구성되고 개혁되고 있기 때문에, 팀의 진화가 5단계를 순차적으로 따라가는 경우는 드물고 오히려 짧

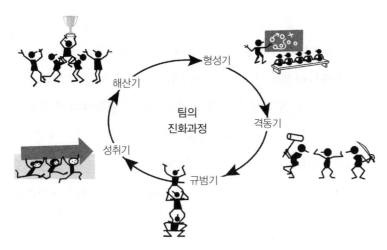

[그림 2-6] Team Life Cycle

출처: Tuckman(1965); Saban(2020).

은 시간에 동시에 발생할 가능성이 점점 높아지고 있다(Wegman, 2022). 지금은 여러 단계를 동시에 관리할 수 있는 새로운 환경에 대처할 수 있는 새로운 팀 코칭과 리더십이 필요하다.

개인의 가치와 갈망을 기반으로 하는 비거게임 팀 리더십에서는 팀 코칭을 ① 개인의 갈망: 구성원 개인의 가치와 목적, ② 팀의 갈망: 팀의 핵심가치와 강력한 목적과 목표, ③ 이해관계자 그룹의 갈망: 조직과 이해관계자들의 가치와 목적을 발견하고 팀의 강력한 목적으로 Align하여 ④ 담대한 행동: 혁신적 전략과 새로운 안전지대를 구축할 창의적 실행 디자인, 이상의 네 항목을 팀의 시스템에 존재하는 9가지 리더십 요소 보드 위에서 탐색하여 성과의 기쁨과 성장의 의미를 팀 문화에 구축할 수 있는 팀의 지속성장 모델로 정의한다. (김현숙, 2017)

개인의 강점을 기반으로 하는 갤럽 강점 코칭에서는 팀 코칭을
① Individual: 개인의 강점, ② Partnerships: 자신과 파트너의 강점
을 통한 파트너십의 강화, ③ Team: 팀이 가지고 있는 강점을 탐구,
④ Action: 자신의 강점과 팀의 강점을 업무에 활용하여 팀의 탁월
한 성과를 만드는 행동 단계로 구분한다.

카첸바흐와 스미스의 고성과 팀 연구를 시작으로 팀 코칭 모델
을 창안한 해크먼과 웨지먼의 6 condition 모델, 피터 호킨스의
Systemic Team Coaching, 구트먼의 LTA의 공통점은 비즈니스 환
경에 연결되어 있는 모든 이해관계자들의 가치를 창출하고자 하는
강력한 목적과 Align을 강조한다. 그러나 이들 모델은 변화를 주도
하는 팀에게 필요한 것들이 무엇인지를 잘 설명해 주고 있지만, 조
직에서 코치나 리더들이 직접 진행하는 구조화된 방법론으로 보기
에는 부족함이 느껴진다.

4) 팀 코칭의 새로운 판을 디자인해야 하는 이유

빠르게 변화하는 시대에 조직의 리더가 팀을 이끄는 방식은 유
독 빠르게 변화하지 못한 이유에 대해서 마샬 골드스미스(Marshall
Goldsmith)는 '성공의 덫에 빠져있기 때문(what got you here won't
get you there)'이라고 설명한다(Goldsmith, 2013). 이전의 고성과 방
식에 매몰되어 있다는 의미이다. 이러한 현상은 뇌과학의 관점에
서 본다면 아주 간단한 과학적 사실이다. 습관적 자동방식의 사고
와 행동이 일상의 95%를 차지하며, 이러한 95% 관성을 타파하는

것은 지금까지 하던 방식으로는 불가능하다. 즉, 새로운 판을 도전적으로 짜야만 새로운 방식의 대처가 가능하다. 이제는 편안하게 안주할 수 없으며 최선을 향한 투쟁과 혼란의 상태가 뉴노멀이라는 것을 받아들여야 한다는 것이다. 이러한 시대적 배경으로 인하여 팀의 다양한 형태와 특징을 규정할 수 없게 되었다. 이제는 한 가지 상황만 빠르게 변화하는 것이 아니라 다른 종류의 상황도 동시에 빠르게 변화하고 있기 때문에 이 시대를 살아가는 우리도 그만큼의 변화를 빠르고 다양한 방식으로 배워가야 한다.

새로운 판은 비전과 목적이 이끄는 가치를 마음에 둘 때 가능하다. 21세기 오늘날의 기업들은 미션을 해결할 때 목적에 집중하는 움직임을 점진적으로 강화하고 있다(Hawkins, 2021). 지금 시대의 막대한 정보들은 유익하기도 하지만, 우리를 혼란스럽게 만들기도 한다. 개인의 삶에 방향성이 없다면 소셜미디어가 쏟아 내는 정보의 바다에서 파도에 휩쓸려 간 자신의 모습을 종종 발견하게 되듯이, 개개인이 모인 팀에서 강력한 목적이 이끄는 방향성 없이 업무를 진행하게 된다면 더 큰 파도에 쓸려갈 것은 자명하다. 그래서 강력한 목적이 구성원이 표류하지 않도록 단단한 닻의 역할을 해 주어야 한다.

기업은 ESG 차원에서 다양성과 형평성 그리고 포용성을 강화하기 위해 다양한 이해관계자들의 욕구에 귀를 기울이고 있다. 오늘날 조직과 팀은 과거 어느 때보다도 구성이 다채롭고 지리적으로는 분산되어 있다. 디지털 기술에 대한 의존도가 높고 변화는 빠르다. 근무환경은 구성원들의 일과 삶의 균형과 복지를 고려하여 빠르게 진화하고 있다. 리더에게도 결정을 내리고 지시하고 명령하던 보스의 모습에서 구성원의 자발적인 성장과 웰빙을 이끌어 내는 코칭형 리더로의 전환이 요구되고 있다.

마치 밀려드는 수많은 파도에 몸을 맡기고 서핑을 하는 서퍼처럼, 파도라는 환경을 관찰하고 알아차리며 수많은 파도를 뚫고 나온 의연하면서도 희열에 찬 모습을 상상해 본다. 이제 파도를 두려워하지 않고 용기있게 헤치고 나갈 수 있는 안전한 서핑보드가 되어줄 ALIGN 팀 코칭 모델을 소개한다. 오늘날의 성공적인 팀이란 어떤 모습일까?

3. ALIGN 팀 코칭 모델

1) ALIGN 팀 코칭 모델의 배경

그동안 리더들은 주어진 상황에서 맡은 바를 열심히 하면 된다고 생각했다. 하지만 그 방법으로는 한계가 있다. 판을 바꾸어야 한다. 팀 코칭에 대한 연구가 활발해지면서 그런 사실을 알게 되었다. 이제 권위와 경험에만 의존하던 리더십은 더 이상 통하지 않는다. 구성원이 스스로 움직일 수 있는 판을 만들어야 한다. 구조적으로 팀을 만들고 구성원들을 결정 과정에 참여시켜 그들이 결정하고 스스로 책임질 수 있게 만들어야 한다. 제대로 판을 짜고 일을 해야 효과적으로 성과를 낼 수 있다.

　코칭 철학은 "모든 사람에게는 무한한 가능성이 있다. 그 사람에게 필요한 해답은 모두 그 사람 내부에 있다. 해답을 찾기 위해서는 파트너가 필요하다."라고 말한다(榎本英剛, 2004). ALIGN 팀 코칭은 모든 구성원은 스스로 동기부여가 되어 있으며, 더 큰 시스템이나 의미 있는 활동을 할 때 만족과 보람을 느끼는 존재라는 가정에서 시작한다. 그들은 자신의 발전을 위해 기꺼이 투자하고 자신에게 중요하고 의미 있는 활동에 몰입하며 최선을 다한다. 이것을 위해 개인에 대한 교육, 훈련 그리고 1:1 코칭으로 동기를 유지, 발전시키고 인식을 확장하는 투자는 병행되어야 한다.

　그동안 성과를 내기 위해 입증된 이론을 바탕으로, 열심히 해도 잘 안되는 팀장과 조직의 리더, 팀을 잘 코칭하고 싶은 코치들을 위해 가장 앞서고, 효과적인 팀 코칭 방법을 제안하려고 한다.

　ALIGN 모델은 이런 개인이 동기를 잃어버리지 않고 유지하거나 발전시킬 수 있는 환경과 구조를 팀원들과 함께 만들어 가는 과정에 구성원이 함께 참여한다. 목표를 향한 여정에서 도전을 극복하고 스스로 자율성과 자기 효용성을 느낄 수 있게 강력한 목표를 함께 만든다. 그리고 스스로 더 담대하고 도전적인 목표에 도전하며, 그 목표에 자신의 가치와 목표를 정렬(align)하는 것을 목표로 한다. 지속가능하면서 유연한 성장을 위해 함께 배우고 성장하는 내부 학습 시스템과 소통 방법을 개선하여 건강한 조직 문화 구축에 기여한다.

　ALIGN 팀 코칭 모델은 포스트 팬데믹이라는 시대적 배경 아래에 불확실성의 환경에서 가장 힘이 되어 줄 팀 구성원 개인의 힘이 팀의 강력한 목적으로 정렬되는 것으로 출발한다. 개인의 동기를 훼손할 수 있는 조직의 구조, 업무 프로세스, 자원을 함께 찾아 낸다. 동료와 성과를 위한 행동 규범을 함께 만들고 개인의 욕구를 만족시키는 자원들을 검토하고 합의를 만들어 낸다.

해크먼과 웨지먼의 6 Condition 모델, 피터 호킨스의 Systemic Team Coaching, 구트먼 LTA, 국제코칭연맹(ICF)의 팀 코칭 연구를 토대로 한국기업 대상으로 진행해 왔던 팀 코칭의 경험을 더하여 현장 팀과 리더십 팀 모두 적용할 수 있도록 쉽게 성과와 프로세스를 통합하였다.

ALIGN 팀 코칭 모델은, 첫째, 팀원과 팀이 함께 몰입하게 하는 가슴 뛰는 비전과 강력한 목적, 둘째, 그 목적을 성취하기 위한 이상적인 팀의 건실한 구조, 셋째, 팀의 중요한 목적과 목표 달성에 기여할 인재, 넷째, 업무를 진행하기 위한 최적의 업무수행 프로세스, 다섯째, 건강하고 신명나는 에너지를 불어넣을 후원환경 조성

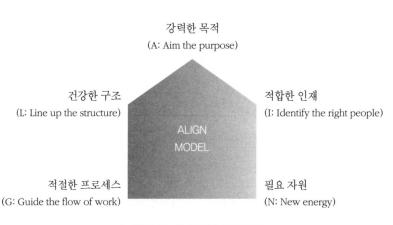

강력한 목적
(A: Aim the purpose)

건강한 구조
(L: Line up the structure)

적합한 인재
(I: Identify the right people)

ALIGN
MODEL

적절한 프로세스
(G: Guide the flow of work)

필요 자원
(N: New energy)

[그림 2-7] ALIGN 팀 코칭 모델

이다. ALIGN 팀 코칭의 구체적 설명은 다음과 같다.

2) ALIGN 팀 코칭 5가지 핵심요소

(1) 강력한 목적(Aim the purpose):
모두가 가슴 뛰는 목적을 만들고 공유한다

오랫동안 팀의 존재 이유는 조직의 비전과 미션을 달성하는 일이었다. 이제 팀의 존재의 이유가 팀원과 팀의 공동의 목적을 구현하는 공유가치 창출로 이동하고 있다. 구성원의 업무가 가치에 기반한 강력한 목적으로 확장되어 구성원이 열정적으로 팀의 목표를 신속하게 달성함으로써 팀, 팀원, 팀장이 조직의 지속성장을 도모해야 한다(Sandahl & Phillips, 2019). 개인의 비전과 목적으로부터 전달되는 감정을 팀 내에서 느낄 수 있게 될 때 우리 팀에 기적이 일어난다.

신경과학자인 하버드대학교 교수 데이비드 크루거(David Krueger)는 내면의 나침반이 되어 줄 개인의 핵심가치와 목적은 의식을 일깨우며 창의적 사고를 하는 전전두엽의 기능을 열어 주기 때문에, 문제에 고착하지 않고 솔루션을 찾기 위한 리소스풀(Resourceful)한 마인드를 활성화하는 주요한 요소라고 그 중요성을 강조한 바 있다. 스티븐 코비의 성공하는 고성과 팀(Highly effective team)의 특성에서 가장 먼저 꼽았던 요소인 '결과를 보고 출발한다(Start with the end in mind)'는 팀과 조직의 비전과 목적에서 출발한다는 것을 의미한다.

팀과 조직의 강력한 목적은 조직성과에 필수적이지만 팀 리더가 리더십으로 해결하기 쉽지 않은 부분이다. 다양한 이해관계자들의 요구를 충족시키면서 구성원이 자신의 재능과 역량을 팀의 목적에 기여하여 성과로 연결시켜야 하기 때문이다. 즉, 팀원뿐만 아니라, 팀과 연결된 타 부서 직원, 팀과 조직의 고객, 파트너, 투자자, 지역사회 등의 요구를 충족시켜 외부 성과에 집중할 수 있는 팀 역량을 키워가야 한다. 이는 팀과 조직을 포함해서 모든 이해관계자 그룹에 대한 공유가치 창출이 가능한 중요한 리더십 역량이다(Porter & Kramer, 2011; Hawkins, 2021). 팀 리더가 구성원이 어디에서 업무를 하든지를 불문하고 개인의 업무를 잘 수행할 수 있도록 하는 가장 영향력 있는 팀 코칭 스킬 중에 하나이다. 팀의 목적 안으로 이끌리는 이유는 자신의 업무를 통해서 자신의 재능과 역량을 발휘할 때, 팀의 비전과 목적을 위해 구성원의 가치로 기여하게 될 때 구성원은 주인의식을 갖게 된다. 이렇게 한 방향으로 목적이 정렬이 될 때 구성원의 업무는 '회사 일'이 아니라 '나의 일'이 되고 '우리 일'이 된다.

그래서 모든 팀은 비전과 목적이 필요하다. 당연히 조직마다 팀의 비전을 이루어 내려는 목적이 있지만, 안타깝게도 그 목적은 구성원과는 무관한, 액자 안에 들어 있는 추상적인 문구로 남아 있는 경우가 많다. 액자 안에 있는 문장을 팀의 시스템 안으로 불러내야 한다. 어떻게 그 문장을 생명력 있게 움직이게 할 것인가? 개인의 비전이 팀의 목적을 향해 정렬되었을 때 목표 달성 과정에서 팀 성과도 따라오는 팀의 효과성을 한번쯤은 경험했을 것이다. 그러나 한두 번의 우연한 성공경험은 구체적인 방법론을 가지고 실행하는 조건을 알지 못하기 때문에 곧 잊히게 된다. 혹은 팀 내에서 팀장이든 팀원이든 구체적인 방법을 배웠더라도 실천한 적이 없어 팀의 효과성을 경험하지 못했을 수도 있다. 팀의 강력한 목적을 설정하여 팀원 개인의 가치를 그 목적을 이루어 내는 일에 기여하도록 하고 개인에게는 의미 있는 일을 성취해 가도록 디자인해야 한다.

조직의 사명을 위해서 우리 팀이 기여하는 것이 무엇인지 확인하고, 팀이 존재하는 이유를 스스로 이해하고 인식하면, 팀원에게는 팀의 목적을 이루는 일이 명료해지고, 도전이 되어도 긍정적인 영향력을 기대하게 된다. 팀의 목적을 구성원 개인의 의미와 개인의 목적으로 만드는 것은 팀이 스스로 코칭할 수 있는 구조를 디자인하는 첫 단계이다.

팀에 이러한 열정과 목적이 이끄는 미션으로 다짐을 하여도 건강한 시스템이 뒷받침되지 않는다면 결국 유야무야 흩어지게 된다. 팀의 구조가 뒷받침되지 않는다면 변화는 지속 가능하지 않고, 시간이 흐르면서 직원들의 동기와 몰입을 방해할 수 있기 때문이다.

(2) 건강한 구조(Line up the structure):
목적을 성취하기 위한 건강한 조직의 구조를 구상한다

벤저민 하디(Benjamin Hardy)는 변화에 있어 가장 중요한 것은 의지나 태도가 아니라 '환경'이라고 강조했다. '맹모삼천지교(孟母三遷之敎)'라는 말처럼 환경이 바뀌면 인간은 이에 맞는 행동을 하게 된다. 환경을 무시하고 개인의 의지에만 의존하는 변화는 실패하기 쉽다.

강력한 목적으로 정렬(align)된 팀일지라도 그것의 실행을 뒷받침할 수 있는 전략, 사람, 조직의 구조와 프로세스 등도 매우 중요하다. 건강한 팀의 구조에는 팀의 목적을 달성하기 위해 적합한 조직의 구조를 설계한다. 팀의 목적을 향한 전략과 업무 수행 과정에서 개인의 역할과 책임을 명확하게 한다. 자신의 역량을 발휘하고 자주적으로 일하면서 동료와 협력하기 위해 필요한 의사결정 프로세스와 정보의 흐름을 원활하게 할 수 있는 조직의 구조를 고려한다. 조직의 구조에 상관없이 목적지에 도달할 수 있겠지만 이 때는 더 많은 자원과 투자가 필요하다.

건강한 구조에서는 서로 존중하고 신뢰할 수 있는 팀의 행동 규범을 합의한다. 팀으로 일할 때 각 개인의 역량과 동기는 개인의 의지를 넘어 팀원 간의 복잡한 상호작용이나 팀의 환경에 따라 민감하게 변한다. 따라서 모든 팀원이 동기를 유지하면서 같은 목적지를 향해 함께 일하기 위해서는 팀의 구조와 일하는 방식에 대한 합의가 중요하다.

이상적인 구조를 만들 수 없더라도 함께하는 구성원들이 납득하고 존중할 수 있는 구조라면 건강한 구조라고 말할 수 있다. 조직의 구조가 건강하지 않으면 구성원은 동기와 열정을 잃어버리고 조직의 성과는 제한되고 성장은 멈출 수 있다. 강력한 목적을 향한 여정에 더 많은 자원이 필요한 상황이 벌어지기도 한다.

건강한 팀 구조에서는 3가지를 중요하게 다룬다.

첫째, 팀의 구조를 설계한다. 팀의 목적을 달성하기 위해 적합한 조직의 규모와 구조를 합의한다. 팀에서 수행할 업무가 정의되고 그것을 효과적으로 수행하는 데 필요한 팀의 크기가 정해지면 팀의 자원들이 효과적으로 활동할 수 있는 구조를 함께 만든다. 부족한 부분이 있다면 함께 정의하고, 개선 방안을 만들어 간다. 팀의 구조가 만들어지면, 일하는 사람들의 태도도 자연스럽게 구조에 맞추어 적응하며 변하게 된다. 팀의 구조는 팀에 필요한 정보 흐름은 물론 의사 결정의 권한과 범위에도 영향을 미친다. 팀의 구조는 예측 가능성을 높이며 업무 효율과 생산성에 기여한다. 일의 성격에 따라 효율적인 구조는 다르다. 주어진 작업절차를 신속하고 정확하게 반복하는 생산성 증대가 목적인 공장 같은 곳에 필요한 조직 구조와 급변하는 환경의 변화에 신속하고 유기적으로 대응하는 것이 중요한 조직의 구조는 같을 수 없다. 또 조직에는 업무 목표를 위해 일시적으로 구성되는 한시적인 팀(Task Force Team: TFT)도 존재한다. 각 팀은 팀의 목적을 성공적으로 수행할 수 있는 조직의 구조 설계가 필요하다. 기업에 여러 팀이 존재하지만 모든 팀이 같은 구조일 필요는 없다. 팀의 구조는 팀의 성과를 위해 설계되어야 한다.

둘째, 업무에 필요한 역량을 정의하고 이를 갖추기 위한 과정을 함께 수립한다. 업무 수행에 필요한 기술적인 역량뿐 아니라 개인과 개인, 개인과 팀의 연결성을 유지하고 시너지에 영향을 주는 대인관계 역량, 다른 사람과 조직에 영향력을 행사하는 역량과, 정보를 다루고 분석하여 새로운 계획과 전략을 수행하는 역량도 중요하다. 팀에서 필요한 역량을 함께 정의하고 개인의 현재 수준을 평가하고 차이를 보완하기 위한 계획을 수립하며 필요한 지원 계획을 설계한다. 이 과정은 전체 팀의 업무를 기준으로 자신의 현재 역량을 객관적으로 평가할 수 있는 기회가 되어, 개인의 자기 인식 역량에도 기여한다.

셋째, 팀의 행동 규범을 설계하는 것이다. 물론 회사 전체 조직의 관리를 위한 많은 절차와 규정이 있다. 그러나 같은 팀에서 함께 일하다 보면 팀에서 성과 달성을 위해 그 팀에만 필요한 행동 규범이 필요하다. 팀원 모두가 합의한 행동 규범은 팀을 한 방향으로 향하게 하고, 그 과정에서 서로 동기나 열정을 방해하지 않고 서로 보폭을 맞추어 앞으로 나가게 하면서 건강한 조직을 구축하는 것에 기여한다. 구성원이 합의한 행동 규범은 개인의 잠재력을 끌어올리고 자발적 동기를 지원한다. 약속한 행동 규범이 습관과 문화로 자리 잡으면, 필요성에 따라 새로운 규범을 함께 만들어 서로 신뢰하고 존중하며 의지할 수 있는 건강한 조직 문화로 발전시켜야 한다.

팀의 구조가 만들어지면, 일하는 사람들의 태도도 자연스럽게 구조에 맞추어 적응하며 변하게 된다. 팀의 구조에 따라 정보의 흐름과 의사 결정의 권한과 범위도 달라지게 된다. 팀의 구조를 설계하고, 필요한 자원과 역량을 점검하며 행동 규범을 설계하는 것이 구성원의 역량이나 역할의 우열을 평가하는 것에 목적을 두지 않는다는 것을 강조하고 싶다. 이 모든 과정을 함께 하면서 같은 목표를 위해 일하는 동료를 서로 이해하고 존중하며 협력을 촉진하는 것이 목적이다.

자기가 속한 팀의 구조에 대한 논의는 개인의 역할과 책임에 대한 이해, 구조의 배경을 이해하는 것을 도우며 팀에 대한 소속감과 주인의식을 높이는 것에 기여한다. 팀에서 요구하는 행동을 인식하고 따르며 동료들의 개성과 장점, 역할을 존중하고 상호의존성을 높인다. 팀의 성과는 한두 사람의 슈퍼스타의 역량이 중요할 때도 있겠지만 팀은 구성원들이 서로 상호 보완적으로 일하는 곳이다. 밧줄도 가장 취약한 곳이 먼저 끊어진다. 팀의 취약한 부분을 서로 도와 보완하는 것이 지속가능한 성장을 위해 필요하다.

　(3) 적합한 인재(Identify the right people):
　　팀은 팀의 목적과 목표를 달성하기 위해 필요한 수행 역량 및
　　다양한 관점을 가진 인재를 갖춘다

　팀의 강력한 목적을 정하고 필요한 튼튼한 구조를 세웠다면, 실제 실현할 수 있는 인재들이 필요하다. 한마디로 팀에 필요한 인재를 갖추는 것이다. 팀에 적합한 인재를 어떻게 정의할 것인가. 잠시 자신이 바라는 이상적인 팀의 모습을 상상해 보라.

　팀원 개개인은 자신의 업무와 역할을 수행하기 위해 필요한 역량을 갖추고 자율적으로 일하고, 개인의 능력을 팀의 목적과 목표를 위해 사용하면서 협업 기술을 갖추고 다른 팀원과 상호 협력적으로 일한다. 그리고 팀원들의 다양한 관점을 창의적으로 활용하여 새로운 결과를 창출하는 데에 활용한다.

　ALIGN 팀 코칭에서 적합한 인재에 대해서는 다음과 같이 살피고자 한다.

　첫째, 새롭게 구성한 팀의 구성원이나, 현재의 팀 구성원은 팀의 목적, 목표에 기여할 수 있는 역량을 갖추었는지 점검한다. 무엇보다 팀원 개개인의 고유한 능력을 인식하고 활용하여 성장할 수 있

도록 새로운 업무나 역할을 팀원 스스로 선택, 결정할 수 있게 한
다. 팀원은 자신의 능력을 발휘할 기회를 가짐으로써 업무 몰입도
를 높일 수 있다.

둘째, 팀 구성원은 상호 협력적으로 일하기 위해 협업 기술을 갖
추었는지 점검한다. 팀에는 다른 배경과 경험, 지식과 능력을 가진
팀원들이 있다. 팀원 개개인마다 독립적으로 수행하는 역할과 업
무를 맡고 있지만 다른 팀원들과 관계 속에서 상호작용하며 일한
다. 서로 일하는 방식이나 사고 행동 및 소통하는 방식들이 다를 수
밖에 없고 종종 갈등을 일으키는 원인이 되곤 한다. 따라서 팀원들
로 하여금 협업 기술을 갖추고 의식적으로 사용하게 할 필요가 있
다. 이를 통해 팀원들이 갈등 대신 상호 협력적으로 일하는 방법을
습득하게 된다.

셋째, 다양한 관점을 가진 팀원들로 구성되어 있는지 점검한다.
팀원을 구성할 때는 한 가지 색깔의 구성원보다는 다양한 배경과
능력, 관점을 가진 구성원을 포함시키는 것이 유리하다. 불확실하
고 모호하며 변화무쌍한 VUCA시대에 꾸준히 성장하는 팀이 되려
면 유연하고 창의적인 성과를 만들 수 있어야 한다. 그러려면 팀은
획일적인 관점보다 다양한 관점을 환영하고 그들의 창의성을 적극
활용할 수 있어야 할 것이다. 변화된 환경에 과거의 성공방식이 통
하지는 않는다. 새로운 팀의 목적과 목표 달성을 위한 새로운 방식
을 찾기 위해서는 다양한 관점을 수용할 때 가능하다.

적합한 인재에 관한 팀 코칭은 팀의 현재와 미래 성장을 견인할
인재를 팀으로 하여금 점검하고 갖추도록 지원하는 것이 목적이

다. 세션 참여의 결과로 팀의 목적과 목표를 이룰 팀원 개개인의 필요 역량을 알고 서로 다른 팀원들과 협업하기 위한 기술을 습득하고 다양한 관점을 팀의 성과 창출에 활용하는 방법을 알게 된다. 이를 통해 팀원 개개인은 역량 개발 계획을 세우게 된다.

적합한 인재에 관한 팀 코칭 세션에서 중요한 전환이 일어난다. 다른 모듈이 왜, 무엇, 어떻게를 다룬다면 적합한 인재 세션은 누구(who), 팀과 팀원 개개인에 대해 관심을 집중한다. 특히 팀원 개개인의 특성, 능력, 방식에 대한 이해와 인식을 깊이 해야 한다. 팀원 개개인의 성격과 팀원 간의 역할을 들여다보고 이것이 팀 성과에 어떠한 영향을 주는지를 알아차릴 수 있기 때문이다. 또 팀에 기여하기 위해 팀원 개인의 그것을 창의적으로 활용할 방법을 찾을 수 있다.

이 모듈을 활용하면 팀원들의 자발적 행동을 끌어낼 수 있다. 실행은 인식이 선행될 때 일어난다. 팀의 강력한 목적이나 목표도 그리고 건강한 구조도 팀 구성원의 실천없이 이룰 수 없다. 팀 구성원들로 하여금 자기 자신에 대한 이해 및 팀 구성원 전체에 대한 이해를 지원할 필요가 있다. 신속하게 아는 것은 팀의 성장과 성과에 기여할 수 있는 팀원 개개인의 실천방법을 모색하고 행동으로 전환하는 데에 필요한 정보를 얻기 때문이다. 이때 설문도구를 활용하는 것도 도움이 된다.

또한 팀원 개개인의 변화를 목격할 수 있다. 팀 코칭의 중요한 성과 가운데 하나는 팀원 개개인의 성장이다. 팀원 자신도 알지 못한 고유한 특성과 능력, 방식을 깨닫게 된다. 자신이 평소 팀과 다른 팀원들에게 기여하고 있다는 사실을 공유하게 되면서 존재가치를 알게 된다. 자신과 다른 팀원들을 더 깊고 넓게 이해하고, 상호 존중과 신뢰하는 모습을 볼 수 있다. 이때 개인은 조직에서 더 큰 가능성의 존재로 성장할 수 있게 된다.

(4) 적절한 프로세스(Guide the flow of work):
　　실제 진행하는 업무 프로세스를 최적화한다

적절한 프로세스는 업무를 수행하기 위해 조직 내에 존재하는 절차, 관행이다. 이는 채용과 해고, 보상은 물론 업무의 흐름과 의사 결정 과정을 관리하고 통제한다. 구성원들은 매일 일상의 업무에서 프로세스를 경험한다. 그리고 이것을 통해 추구하는 가치, 의사 결정의 기준과 주도권이 어디에 있는지 인지할 수 있다. 이해가되는 절차가 있고 때로 이해하기 어렵고 불편한 절차도 있지만 많은 경우 억지로 참고 받아들인다. 또한 조직과 상황에 따라 현장의 소리가 강하게 반영된 업무 절차가 있고 반대로 재무적인 성과와 지표가 더 중요하게 반영된 절차도 있다. 이렇듯 조직에게 절차란 현재에도, 미래에도 중요하다. 같은 이유로 창의성 혁신, 안정과 수익 등 재무적인 부분들은 모두 중요하지만 서로 충돌한다. 서로 다른 목적과 이유로 프로세스는 의식하지 못한 채 복잡해지고 효율성과 생산성을 방해하기도 한다.

중요한 것은 프로세스는 무의식적으로 의사 구성원의 열정과 동기에 기여한다는 점이다. 강력한 목적, 건강한 조직 그리고 필요한 사람들로 이루어진 팀이라도 매일 일하면서 경험하는 적절한 프로세스가 그들의 동기를 뒷받침하지 못한다면, 경쟁력 있고 지속 가능한 강력한 팀이 되는 것은 한계가 있다. '이것이 좋다 저것이 좋다'의 문제가 아니다. 팀이 처한 환경에 따라 적절한 프로세스도 함께 점검해야 한다. 어느 한쪽으로 지나치게 치중되어 있지는 않은지, 팀의 구성원들이 현재의 프로세스로 고통받거나 업무를 효과적으로 진행하는 것을 방해하는 부분은 없는지, 만약 있다면 현실적으로 개선할 수 있어야 한다. 이것을 위해 팀의 목표와 상황과 함께 구성원들이 고통을 느끼는 부분에 대해 솔직하게 논의하며 개선을 위한 노력을 함께 해야 한다는 점이다. 완벽한 프로세스를 구축하는 것이 목표가 아니라 팀 구성원들이 이해하고 인정할 수 있는 프로세스를 구축하고 만드는 것이 목표이다.

본 적절한 프로세스는 리얼 팀(Real team)이 되어 가는 과정에서 실제 업무가 계획되고 진행되며 유지될 수 있도록 하는 로드맵과도 같다. 업무가 잘 운영되기 위해서는 어떤 프로세스가 필요할까? 앞 단계에서 만들어 낸 업무를 실제로 진행하기 위해 최적화 프로세스를 만들어야 한다.

우리는 이전에 팀의 강력한 목적과 건강한 조직구조의 필요성, 구성하는 사람에 대해 알아봤다. 조직과 팀, 개인을 연결하는 비전, 신뢰와 심리적 안전감, 규범의 중요성을 알았고, 이것들을 바탕으로 어떻게 팀을 잘 운영해 나가는지가 팀의 성공과 성과를 정의할 수 있다는 것도 알고 있다. 그런 의미에서 팀이 잘 운영되기 위한 프로세스를 3가지 영역으로 분류해 본다면, 첫째, 지금 주어진 일을 잘하는 것과 더 잘할 수 있도록 제안하는 '업무 프로세스', 둘째, 팀 내 구성원 간의 문제를 현명하고 효과적으로 해결할 수 있는

'갈등관리 프로세스', 셋째, 급변하는 시장 환경 속에서 조직과 개인이 함께 성장해 나가는 '변화관리 프로세스'이다.

먼저 업무 프로세스는 다시 3가지로 나눌 수 있으며, 이는 A1. 업무관리 프로세스 / A2. 정보 공유 프로세스 / A3. 성과관리 프로세스이다.

① A1. 업무관리 프로세스

업무관리 프로세스는 효율적이고 효과적인가? 혹시 불편하다고 느끼거나, 물 흐르듯 흐르지 못하거나, 특정 기간에 폭증하는 업무 등이 구성원의 몰입과 동기를 저하한다. 문제가 있어도 한두 번 불평을 이야기하거나, 개선을 요구해도 오랫동안 진행되어 온 관습이라는 말에 개선 요구사항은 묻히게 되고, 구성원은 커다란 벽을 느끼고 조직과 심리적으로 이탈된다.

업무관리 프로세스의 개선을 위한 팀 코칭의 핵심은 해당 프로세스와 관련된 모든 이해관계자의 직접적이고 적극적인 참여이다. 자기 부서의 업무를 가장 잘 이해하고 있고 프로세스의 변경을 결정하거나 결정을 요구할 수 있는 정도의 사람이 참여해야 한다. 영업 프로세스를 개선할 경우에도 마케팅, 생산, 경리, 회계, 전략 및 기획 부서 등의 참여가 필요하다. 한두 사람의 불참은 관련 논의나 결정을 무력화할 수 있기 때문이다.

그리고 솔직한 대화가 필요하다. 돌려서 말하기보다는 직접적인 단어로 본인이 겪고 있는 불편함과 고통, 답답함을 날것으로 표현할 수 있어야 한다. 참고 넘어가기보다는 작은 불편함도 표현하는 것이 중요하다. 그때 비로소 부서와 담당자들이 처한 환경을 서로 이해할 수 있다. 실제 현장에서 새로운 프로세스의 추가나 변경은 해당 부서에서는 당연하게 필요한 일이고 납득할 수 있는 것이지만 관련된 다른 부서나 담당자 입장에서는 받아들이기 어려울 수 있기 때문이다. 이 과정은 업무의 복잡성에 따라 적게는 몇 시간, 길게는 며칠이 필요하다.

② A2. 정보 공유 프로세스

팀 내 바람직한 상태 달성을 위해 어떤 선택과 정보를 공유해 갈 수 있을까? 구글 연구진이 많은 자료를 분석한 끝에 훌륭한 팀이 성공하는 보편적인 법칙을 찾아냈다. 그것은 팀원 모두에게 발언권을 보장받고 있다는 확신을 안겨 주는 게 중요하다는 점이다. 실제로 결정에 참여하느냐 그렇지 않느냐는 그다지 중요하지 않고, 또 업무량이나 물리적인 공간도 크게 중요하지 않다는 것이다. 중요한 것은 발언권과 사회적 감수성이라는 것이다.

그런 의미에서 의사결정(Decision making)에도 골든 타임이 있다. 팀 내에서 좋은 결정의 근간은 어떤 종류의 결정이 필요한지, 누구에 의해, 얼마나 빨리 내려야 하는지를 분류하는 것이다. 때문에 팀에서 의사 결정 프로세스를 관리하는 것은 팀이 잘 기능하도록 유지하는 데 필요한 부분이다. 특히, 코로나 팬데믹 이후 재택근무와 스마트워크, 언택트 트렌드 등이 이슈로 떠오르면서 조직의 운영 방식과 전략, 불확실한 미래를 예측함에 있어서도 큰 변화가 생기고 있다. 타이밍을 놓치면 아무리 훌륭한 결정이라도 무용지물이 될 수 있기 때문이다.

③ A3. 성과관리 프로세스

팀의 성공은 곧 성과관리의 성적표이다. 성과관리는 누가 해야 하는가? 성과관리(Performance management)는 공동의 목표와 상황적인 측면에서 지금 우리에게 주어진 것을 얼마나 잘하고 있는가에 초점이 맞춰진 정량적 관리이다. 팀장은 업무의 중요도를 평가해 그에 따른 자원과 시간을 배분하고 투자해야 한다.

다음은 갈등 관리로, 갈등은 개별적이거나 집단적 갈등과 저항에 직면하는 경우에 발생할 수 있다. 팀의 목표에 대한 이해, 의사소통 방법, 의견 불일치, 팀원 간의 성격이 다른 경우 등 다양한 상황과 이유, 형태로 나타난다. 처음에는 가벼워 보일 수 있지만 해결하지 않고 방치하면 팀원의 사기와 생산성에 부정적인 영향을 미쳐 불편한 업무 환경을 조성할 수도 있다. 하지만 이러한 갈등과 저항은 팀이 성장하고 발전하는 데 반드시 필요한 과정이며, 잘 관리되고 해결되면 팀원들이 서로를 신뢰하고 목표를 달성하기 위해 더 잘 협력해 간다. 또한 팀원들 서로 더 잘 이해하고 원활한 업무 관계와 프로세스를 구축할 수 있다.

마지막으로 변화관리 프로세스이다. 팀의 리더가 리더십에 관한 교육과 훈련을 받았다고 해서 팀이 180도 바뀌는 것은 아니라는 것은 경험을 통해서 이미 알고 있을 것이다. 어떤 곳에서는 리더가 새로운 교육을 받고 올 때마다 불편해 하고 힘들어 하는 팀원들 역시 존재한다. 이유는 구성원들도 그와 연결되는 교육 혹은 훈련을 통해 해당 내용을 이해하고 동감해야 함께 변화관리에 동참할 수 있기 때문이다. 그럴 때 리더는 어떻게 구성원들과 변화관리를 만들어 나아갈 것인가? 물론 리더가 주도적이되 결국에는 구성원들이 그 안에서 자신의 목소리를 통해 팀의 응집력을 만들어 내고 신뢰와 심리적 안정감이 바탕이 된 규범을 실현해 나갈 수 있어야 한다. 변화관리는 지금 하고 있는 것에서 새로운 무언가를 어떻게 바꿀 것인가라는 정성적 관리에 속할 수 있다.

본 적절한 프로세스는 팀 코칭이 진행되는 동안 실질적인 팀의 이슈가 대두되었을 때 바로 적용이 가능하며 팀의 상황과 규모, 환경 등에 따라서 해당하는 사항이 달라질 수 있다.

(5) 필요 자원(New energy):

　업무성과를 내기 위한 자원의 배분 및 투자를 효율화한다

　인간이 날고 싶다는 열망을 가지고 바다를 건널 수 있는 탈것을 만들겠다는 목적을 가지고, 그것을 이루도록 최적의 방법을 설계하고, 능력을 가진 사람들이, 가장 최선의 프로세스로 만들었다고 하더라도, 그것을 운영할 자원이 없다면 비행기를 날릴 수 없다.

　이와 같이 팀이라는 것이 운영되기 위해서는 필요한 에너지 자원을 확보하고, 효율적으로 투자하고 활용해야 한다. 이러한 자원은 팀이 돌아가게 되는 근본적인 원료가 될 뿐 아니라, 구성원들을 움직이게 하는 동기요소로도 작용한다. 현실에서 자원은 항상 기대보다 부족하다. 그렇기에 무엇이 필요한지를 분명히 알고 적절한 타이밍에 필요한 수준에 맞춰 투입해야 한다.

　팀을 운영하는 데에 필요한 에너지는 크게 금전 자원, 운영 자원, 감정 자원 3가지로 나눌 수 있다.

　금전 자원은 보통 팀의 예산과 보상에 쓰이는 자원으로 쉽게 말하면 돈이다. 조직 내에서 팀은 연간 예산을 부여받는다. 팀의 역할에 따라 정도는 다르겠지만, 보통은 수행해야 하는 일을 진행하는 데에 있어 필요한 정도가 부여된다. 예산이 부족하다면 생각지도 않은 일들을 해야 하는 경우가 생길 수 있다. 그래서 계획 단계를 충실히 하는 것이 필요하다. 어떤 일을 할지 꼼꼼히 챙기고, 그 일들을 빠뜨리지 않고 기획해 놓아야지 나중에 자원이 부족한 경우를 막을 수 있다. 경우에 따라서는 중간에 주어지는 일들도 있다. 이런 경우 예산이 많이 들어가지 않는 경우야 상관없겠지만, 많

은 자원이 필요한 경우는 그것에 상응하는 예산을 확보해야 한다.
조직의 성격에 따라서는 중간에 예산을 받아오는 것이 어려운 경
우가 있다. 이런 경우에는 관련 인력지원이나 기술지원 등 관련되
어 채울 수 있는 다른 종류의 자원이라도 확보해야 일을 하는데 가
해지는 부담을 줄일 수 있다.

운영 자원은 일이 시작해서 끝날 때까지 사용하는 공간, 도구나
솔루션 등을 말한다. 팀이 모이려면 공간이 필요하다. 사무실 공간
을 어떻게 활용 하는 것이 최적인가? 코로나 팬데믹 이후에는 리모
트 워크로 일하는 조직이 많다. 이 경우 공간에 대한 비용 부담은
줄일 수 있는데 반해 팀원들 간의 접촉이 줄기 때문에 협업이 어렵
다. 해야 하는 일의 특성에 맞게 어디에 어떤 식으로 모여서 일할지
도 팀을 운영하는 데 중요한 요소가 된다.

물리적인 공간이 정해졌다면 그곳에서 일하는 도구들도 채워야
한다. 오랫동안 책상에서 일하는 사무직군의 경우는 전동 책상과
피로감을 덜 주는 의자를 사용한다. 컴퓨터는 일을 처리하는 중요
한 작업도구가 된다. 이렇게 하나씩 일의 흐름에 따라 필요한 자원
을 따지다 보면 무엇이 필요한지 알 수 있고 한번 구비하면 되는 도
구와 사용에 따라 계속 채워가면서 쓰는 도구들이 무엇인지 알게
된다. 이를 잘 정리하고, 관리하면 낭비되는 자원을 더 중요한 곳에
투입할 수 있다.

감정 자원은 구성원들을 동기 유발시켜 신나게 일하도록 만드는
인정과 칭찬 등을 의미한다. 구성원들도 자신을 억지로 움직이게
하기 위해서 립 서비스에 마음이 동하지 않는다. 무엇보다 여기에

는 진정성이 중요하다. 평소 그들을 어떻게 성장시킬까 하는 마음
으로 관찰하는 것이 시작 포인트이다.

경우에 따라서는 '칭찬할 것이 없는데 어떻게 칭찬합니까'라는
말을 하는 사람이 있다. 잘했을 경우에만 칭찬한다면 고성과자만
좋은 이야기를 들을 것이다. 그러나 생각해 보면 진정으로 에너지
가 필요한 사람은 일을 잘 못하고, 자신의 역할을 함에 있어 어려움
을 겪는 저성과자들이다. 그래서 중요한 것은 과정을 인정해 주는
것이다. 잘 하려고 노력하는 모습, 열심히 도전하는 것을 인정해 주
면 그것이 다음 행동을 하게 할 에너지를 만들어 준다. 이러한 것들
이 모여 임계점을 넘었을 때 결과가 나오는 것이다. 이를 위해서는
잘 관찰해야 한다. 필요하면 기록하는 것도 좋은 방법이다. 이렇게
지켜보면 구성원에게 어떤 말을 해 줘야 할지 알 수 있다. 팀원이
잘하는 것뿐만 아니라 잘하고 싶어 하는 것, 그리고 애쓰고 있는 것
을 인정해 주면 팀원은 계속해서 도전하게 된다.

금전 자원, 운영 자원은 항상 한계가 있다. 주어진 이상은 쓸 수
가 없다. 하지만 감정 자원에서는 그 한계가 없다. 관심있게 지켜
보고, 기억해서 작은 것이라도 인정하면 그것이 힘이 된다. 진심이
담겼다면 해도 해도 힘을 주는 것이 인정과 칭찬이다. 자원이 부족
하다고 생각하는 팀은 이를 적극 활용해야 한다.

ALIGN 모델에서 첫 번째의 강력한 목적과 두 번째인 건강한 구
조는 팀의 존재 이유가 되는 업무 달성에 필요한 구조를 세우는 팀
코칭 단계이다. 효과적인 구조에서 만들어 내는 팀 코칭의 결과는
공동의 비전, 강력한 목적, 정확한 목표, 책무, 실행, 효과적인 의사

결정, 임파워링 등이다. ALIGN 모델의 세 번째인 적합한 인재는 팀의 목적과 목표를 이룰 필요 역량을 갖춘 인재를 갖추는 것으로 팀 코칭의 결과는 역량을 점검하고 팀 구성원 간의 이해 및 상호 협업하는 방법과 다양한 관점을 활용하는 방법을 알고 팀원 개개인의 역량 개발 계획을 세우는 것이다. 네 번째 단계는 팀 성과를 달성하기 위한 효율적인 업무 프로세스를 구성하는 과정이다. 협업에 필요한 조건을 세팅하기 위한 팀 코칭 과정의 결과는 신뢰, 존중, 소통, 경청, 상호지원, 가치의 다양성, 긍정적 태도, 건설적인 상호작용 등으로 갈등을 구성원들이 스스로 해결하는 유기적인 시스템이 결과물로 자리 잡게 된다. 마지막 다섯 번째 단계는 팀이 활기차게 돌아가는 역할을 하는 새로운 에너지 투입 단계이다. 협업으로 일구어 낸 업무성과를 지원하기 위해 자원과 정보의 배분 및 투자가 효율적으로 이루어지도록 에너지를 공급한다. 이것이 AGLIN 팀 코칭을 통해 팀의 지속 성장과 변화를 만들어 내는 방식이다.

3) ALIGN 팀 코칭 모델 요약

ALIGN 팀 코칭은 팀의 가치창출을 통해 지속 성장을 구축해 갈 수 있도록 리더가 사용할 수 있는 실용적 툴로 팀 리더와 구성원이 함께 ALIGN 팀 코칭의 5가지 질문으로 서로 답을 해 보기를 권장한다.

A: 구성원의 가슴을 뛰게 하는 팀의 목적과 목표는 무엇인가?

L: 팀의 목표를 실행할 수 있는 건강한 구조를 갖추었는가?

I: 팀의 목적, 목표에 기여할 적합한 인재를 갖추었는가?

G: 일은 효율적으로 돌아가는가?

N: 자원을 효과적으로 활용하고 있는가?

　회사를 떠나는 이유가 보수나 고용안정성의 이슈보다는 개인의 성장과 의미가 더욱 중요한 요인이 되고 있다. 개인의 자율성과 성장과 성과를 향한 신나는 도전이 더욱 중요하다는 것이 더 이상 새롭지 않다. 구성원이 자기 업무를 잘하는 것은 조직에도 필요한 일이지만 자신의 미래 가치 성장에도 도움이 돼야 한다. 내 이익이 조직의 이익이고 조직의 이익이 내게도 이익이 된다는 것을 알 때 최선을 다한다. 그럴 때 우리의 조직은 신명나는 일터가 된다. 팀과 개인의 목표와 가치는 물론 성과가 정렬(align)되어야 한다.

제**3**장

팀 코칭 모델 ALIGN
-ALIGN 팀 코칭 모델의 활용

TEAM COACHING ALIGN

팀 코칭은 팀을 하나의 유기체로 본다. 그렇다면 유기체를 어떻게 코칭할 수 있을까? 이때 팀을 잘 만들 수 있는 기준과 요소를 알고 있으면 유용하다. 이러한 의미에서 ALIGN 코칭 모델은 팀의 틀을 잡는 데 유용하게 사용될 수 있는데, 처음 만드는 팀이라면 ALIGN 모델에 맞춰서 팀을 만들어 가면 되고, 운영되고 있는 팀이라면 이 기준에 맞게 다시 한번 확인하고 부족한 부분을 수정할 수 있다.

팀은 여러 구성원의 모임이다 보니 시간이 지나면 생각하는 부분이 달라질 수밖에 없다. 이럴 경우 개인이 열심히 일하더라도 성과가 올라오지 않는다는 것을 느끼게 된다. 왜냐하면 지향하는 부분이 다르고, 그러다 보면 제대로 일을 하지 않게 되고, 무언가 아쉬운 부분이 생기기 때문이다.

그래서 팀이 제대로 나아가기 위해서는 코칭 모델에 따라 하나씩 맞춰보는 것이 필요하다. 팀이 지향해야 하는 강력한 목적을 개인 구성원들과 조율하는 작업을 하고(Aim the purpose), 주어진 목적을 이루기 위해 가장 적절하고 건강한 구조는 무엇인지 확인 및 조정하고(Line up the structure), 새로 조정된 구조에 누가 적합한 인재인지 점검하고(Identify the right people) 개인별 성장 계획을 세우고, 어떤 방법으로 일을 진행하는 것이 좋은지 구성원들의 의견을 모아 최적화하고(Guide the flow of work), 최고의 결과물을 얻기 위해 어떤 자원(New energy)이 필요한지 확인하고, 투입할 수 있도록 하는 것이다.

이러한 과정을 통해 주어진 일을 잘할 수 있는 팀을 만들 수 있다. 이렇게 팀이 최적화되면 팀의 목적에 맞게 현업에서 주어지는 요청과 주제에 따라 코칭을 진행해 나가면 된다. 이때는 코칭의 주제와 코치의 역량을 바탕으로 팀을 코칭하면 된다. 실제 ALIGN 모델의 5가지 주제로 진행하는 팀 코칭 세션의 개별 프로세스는 TRUST로 전개한다. TRUST는 코칭 프로세스로 개별 세션마다 진행하는 프로세스 중 하나이다.

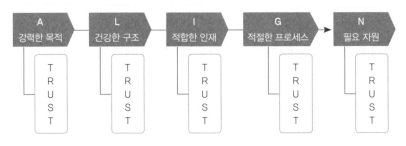

[그림 3-1] ALIGN 팀 코칭 모델의 개별 세션 프로세스

ALIGN 모델은 팀을 제대로 작동할 수 있는 상태로 만들어 가는데 유용한 모델이라 할 수 있다. 세상은 변하고, 경쟁상황도 변하는 때에 우리는 팀을 만들고 운영해 나가야 한다. 이때 가장 중요한 가치는 목적에 맞게 구성원들이 서로 정렬(align)하는 것이다.

팀을 만드는 것은 마치 빠른 강물에서 고무보트를 타고 래프팅하는 것과 비슷하다. 이때 호흡을 맞추지 않고 각자가 열심히 하면 어떻게 될까? 직접 경험을 한 사람은 알겠지만 보트는 앞으로 나아가지 않는다. 제자리에서 돌 뿐이다. 앞으로 나아가기 위해서는 리더가 지향점을 분명히 하고 모두가 호흡을 맞춰 다같이 하나 둘, 하나 둘 해 가며 노를 저었을 때 가장 효과적으로 앞으로 나아갈 수 있다. 팀을 만드는 것도 이와 같다고 보면 된다. 지향점을 명확히 하고, 가장 좋은 자리를 확인하고, 거기에 맞는 구성원을 배치하고, 서로 호흡을 맞춰 나아가도록 하는 것이다. 이런 과정을 통해 구성원은 성공을 체험하게 되고, 이러한 경험은 더 큰 목표로 나아가게 만드는 동기요소가 된다.

흐트러지거나 아직 조직화되지 않은 팀을 효과적으로 만들 때에는 ALIGN 코칭 모델이 유용하다는 것을 직접 활용해 보면서 느끼기를 기대한다. 그럼 지금부터는 각 단계별로 어떻게 활용하면 되는지 살펴보도록 하자.

1. 강력한 목적(Aim the purpose)

1) 코칭 세션의 목적

구성원의 내적 동기는 조직의 비전 안에서 자신의 비전을 볼 수 있을 때 움직이며 열정이 일어난다. 구성원 개인의 가치와 목적이 조직 행동과 일치할 때 팀원은 에너지와 확신을 가지고 자발적으로 움직인다. 또한 내적 동기가 뒷받침될 때 구성원의 심리적 정서는 최상의 상태가 된다.

의사에서 동기부여 전문가로 변신한 맥스웰 몰츠(Maxwell Maltz)

의 저서 『성공의 법칙(Phycho-Cybernetics)』(2015)에 보면 과학적 증거를 기반으로 마음과 몸의 연결을 개인의 목표 달성의 성공 핵심으로 정의한다. 의식에서 설정한 강력한 목적과 목표가 무의식에 세팅된다면 우리의 신경계는 자동적으로 반응하게 된다. 이를 활용하여 우리 팀이 원하는 이미지를 구성원의 의식 안에 설정한다면 팀은 시스템의 메커니즘에 의해 이미지 안에 내포된 팀 성과를 만들어 가는 과정을 경험할 것이다.

팀의 강력한 목적이 개인의 내적 동기 및 외적 동기와 공명될 때, 팀은 협업 과정에서 야기되는 여러 가지 이슈들에 대해 창의적 솔루션을 찾아 문제를 해결하고, 이는 결과적으로 업무성과에 지대한 영향을 미친다. 반면 성과가 떨어지는 조직의 두드러진 특징은 조직의 기존 시스템과 조직 문화가 외적 동기에만 집중하고 내적 동기 발현을 위한 구조가 부족하다는 것이다(Wageman & Lowe, 2020). 조직 문화 전문가인 기어리 럼러(Geary Rummler)는 "우수한 인재를 열악한 시스템에 두면 언제나 시스템이 이긴다."라는 명언으로 개인의 역량이 발휘될 수 있는 시스템 구축을 강조하였다.

개인의 역량을 발휘할 수 있는 시스템을 만드는 첫 번째는 팀을

① **도전적인 목적** Challenging purpose: 구성원의 성장욕구와 기대를 충족하는 목적을 발견한다.
② **분명한 목적** Clear purpose: 팀의 성공 모습을 명료한 목적으로 그려낸다.
③ **영향력 있는 목적** Consequential purpose: 구성원 개인의 삶과 업무, 조직과 사회에 의미 있는 영향력을 미치는 목적을 디자인한다.

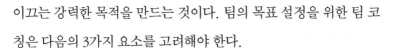

이끄는 강력한 목적을 만드는 것이다. 팀의 목표 설정을 위한 팀 코칭은 다음의 3가지 요소를 고려해야 한다.

구성원 개인을 내 맘대로 만들 수는 없다. 목표 달성이라는 특정 방향으로 그들이 행동하도록 만들 수도 없다. 하지만 리더는 같은 방향을 향해 강력한 실행을 하도록 조건을 수립하여 시스템을 만듦으로써, 구성원들이 긍정적으로 실행할 가능성을 높일 수 있다.

다시 한번 강조하지만 건강한 팀의 필요한 조건들 중에서 가장 우선에 두어야 할 것은 강력한 목적이다. 강력한 목적이 세워지면 팀원이 함께 해야 할 일이 무엇인지 분명해지고, 함께 도전하는 일들에 의미를 갖게 되고, 이를 통해 개인들이 성장하며 팀과 조직에 업무 성과로 실제적 영향력을 미치게 된다. 신명나는 팀을 세우기 위한 강력한 목적이 팀 성과에 나타나기를 원한다면 구성원의 심장을 뛰게 할 개인의 성장욕구를 먼저 살펴보아야 한다(Wegman, 2020).

2) 진행 방법

이 단계에서 강력한 목적을 만들기 위해 할 수 있는 활동은 다음과 같다.

(1) Value Storytelling Interview

핵심가치를 찾기 위해 옆에 있는 동료와 서로에게 인터뷰를 진행한다. 시간은 해당 세션 전체시간에 맞게 조정하되 개인당 10분 정도의 시간을 갖는 것을 추천한다.

- 자신은 어떤 가치를 중요하게 여기나요?
- 살아오면서 자랑스런 순간에 어떤 가치가 작용했나요?
- 일상에서 당신의 가치가 드러나는 행동은 무엇인가요?
- 업무에서 자신의 가치를 구현하는 행동은 무엇인가요?
- 손해보더라도 자신이 가치를 위해 지키고 싶은 것은 무엇인가요?
- 존경하는 인물이 있다면 그의 어떤 자질이 자신에게서 나타나는가요?
- 그런 가치를 중요하게 여기는 당신은 어떤 사람이라고 표현하고 싶은가요?
- 다른 사람들은 당신을 어떤 사람이라고 말하나요?
- 어떤 말을 들으면 인정받았다고 느끼나요?
- 가장 어려운 순간에 당신을 일으키는 것은 무엇인가요?

(2) Value into Action Top 5 문장 선포

각자 삶에서 중요하게 생각하는 가치를 확인한다. 이는 개인이 소중하게 생각하는 것이 무엇인지 먼저 정리를 해 보는 것이다. 또한 이 가치를 바탕으로 어떤 삶을 살아갈 것인지도 문장으로 만들어 공유한다. 문장 안에는 이를 어떤 방법으로, 무엇을 위해서, 어떻게 가치를 실천할지 적어 본다. 예를 들어, 정직이 핵심가치라면 "나는 정직이란 가치를 팀의 관성이나 이슈를 솔직하게 이야기함으로써 우리 팀을 위대한 팀으로 개발하기 위해 실천한다."라는 문장을 만들 수 있다(김현숙, 2017).

1	예) 나는 정직이란 가치를 팀의 관성이나 이슈를 솔직하게 이야기함으로써 우리 팀을 위대한 팀으로 개발하기 위해 실천한다.
2	
3	
4	
5	

(3) 팀의 비전 그리기

팀의 비전을 만들기 위해 소그룹으로 나누어 질문에 대해 답을 찾아본다.

- 마술 지팡이가 주어진다면, 우리 팀이 이루고 싶은 가슴 뛰는 성과는 무엇인가요?
- 이해관계자들의 기대를 모두 충족시킨 우리 팀의 모습은 무엇인가요?
- 세계적인 언론사에서 성공한 우리 팀을 인터뷰했습니다. 기사의 헤드라인을 한 문장으로 표현해 보세요. 헤드라인을 보면서 당신의 가슴에 무엇이 느껴지나요?
- 나의 Top 5 가치를 이루기 위해 실행한 담대한 도전은 무엇인가요?

이야기 나눈 것을 바탕으로 우리 팀이 3년 후 가장 성공한 순간을 그림으로 표현해 보고, 모두가 그린 이후에는 상상력을 더해 서로의 그림을 하나의 그림으로 모아 본다.

(4) 팀의 비전을 목적으로

그림에서 중요한 부분을 찾아 담대한 목적 3가지를 선정한다.

1	
2	
3	

(5) 팀의 비전과 개인 얼라인먼트

자신의 가치와 팀의 비전이 어떻게 연결되는지, 자신의 Top 5 가치를 팀의 비전을 구현하는 데 있어 어떻게 기여하고 싶은지 옆의 동료와 이야기를 나눈다. 대화 이후에 내용을 정리한 후 전체와 공유한다.

1	
2	
3	
4	
5	

3) 코칭 시 활용 질문

다음 질문은 관련 내용을 논의할 때 코치로서 생각의 한계를 넓혀 주기 위해 확인해 봐야 하는 중요 요소들에 대한 질문이다.

도전적인 목적

- 공유된 비전은 어떤 모습인가?
- 목적은 구성원의 성장을 어떻게 도모하고 능력을 확장시키는가?

• 목적은 변화와 혁신에 도전하고 싶은 열정에 동기부여하는가?

• 팀과 조직의 비전 안에 개인의 성장은 어떤 기여를 하는가?

• 팀과 조직의 성장은 개인에게 어떤 의미가 있나?

분명한 목적

• 목적에 구성원은 공명하는가?

• 팀의 성공 모습이 개인, 팀, 조직 차원에서 정렬되는가?

• 성공했을 때 팀과 개인의 성장에 임팩트가 분명한가?

• 구성원 개인에게 가장 중요한 것은 무엇인가?

• 나의 가치는 혁신조직을 구현하는 일에 어떤 기여를 하는가?

영향력 있는 목적

• 목적은 이해관계자들의 니즈와 정렬(align)되어있는가?

• 목적은 조직에 어떤 영향을 미칠 것 같은가?

• 팀의 전체적 계획에 있어서 중요한가?

• 조직의 전략적 목표와 연결되어 있는가?

• 무엇이 달라지기를 원하는가?

• 모든 지원이 가능하다면, 자신이 새롭게 창출하고 싶은 변화
  는 무엇인가?

Learning & Growth

1. 새롭게 배운 것은 무엇인가?

2. 어떤 것을 적용하고 싶은가?

2. 건강한 구조(Line up the structure)

1) 코칭 세션의 목적

팀의 사업 목표와 추진 전략에 따라 조직도 변한다. 구조에 따라 자원의 배치, 업무 프로세스, 정보의 흐름이 바뀐다. 주어진 작업 절차를 신속하고 정확하게 반복하는 것이 중요한 생산 공장에 필요한 조직과 급변하는 환경 속에서 신속하고 유기적으로 대응하는 것이 중요한 조직이 같을 수 없다.

피라미드 구조처럼 업무를 기능이나 전문성으로 분리하고 직급과 계층으로 구성한 조직은 질서와 효율성을 강조한다. 개인을 두 개 이상의 관점으로 운영하고 그룹화하는 매트릭스 조직 또는 일상적인 업무를 벗어나 특정 목적을 위한 프로젝트 조직들은 상호 보완적인 기술과 시너지 효과를 강조한다. 모든 조직에 적합한 한 가지 조직 구조는 존재할 수 없다. 팀의 업무 목표와 추진 전략이 정해지면 그것을 효과적으로 수행하는 데 필요한 팀의 구조와 크기를 정한다.

구조가 만들어지면 일하는 사람들의 태도도 자연스럽게 구조에 맞추어 적응하며 변하게 된다. 팀의 구조에 따라 정보의 흐름 및 의사 결정의 권한과 범위도 달라지게 된다. 조직의 구조가 건강하지 않으면 구성원은 동기와 열정을 잃어버리고, 조직의 성과는 제한되며 성장이 멈출 수 있다.

건강한 조직의 구조를 위해 팀 코칭은

① 최적의 구조: 조직에서 팀의 역할과 목표를 수행하기 위한 팀의 구조를 최
   적화한다. 개인이 업무 수행에 필요한 정보와 권한을 효과적으로 지원하는
   조직의 구조를 만든다.

② 역량과 자원: 업무에 필요한 역량과 필요한 자원을 고려한다.

③ 행동 규범: 팀의 행동 규범을 설계한다. 한 방향으로 성과를 모으고 키우기
   위해 함께 보폭을 맞추고 정렬된 행동 규범은 조직의 건강에 기여한다.

리더는 조직의 과제를 수행하면서 구성원의 자발적 동기, 몰입
을 개선하는 노력을 할 때 그들이 속한 조직의 구조가 건전한지, 팀
원들의 건전한 동기를 방해하는 조직적인 요소는 없는지 점검하고
개선하는 노력을 함께 해야 한다.

조직의 구조는 인재들이 자신의 기량을 발휘하고 싶은 틀을 만
들어 준다. 지속적인 성장을 지탱해 주는 힘이 된다. 사람이라면
튼튼한 뼈대와 같다. 건강한 조직이 구성되었을 때 리더의 노력, 교
육, 훈련 그리고 코칭의 효과는 극대화될 수 있다.

2) 진행 방법

이 단계에서 건강한 구조를 만들기 위해 할 수 있는 활동은 다음
과 같다.

(1) 불필요한 구조 제거

현재 구조에서 효과적인 업무 수행을 방해하는 요소를 찾는다. 각자 조직에 있어 목표 달성을 방해하거나, 업무를 진행함에 있어서 작업의 효율, 업무 추진 동기를 저해하는 요소를 찾는다. 그것이 무엇인지 동료와 이야기를 나누고 정리 후 공유한다.

1	
2	
3	

(2) 이상적인 팀의 구조

내가 사장이라면 우리 팀을 어떤 구조로 운영할까? 동료들과 이야기를 나누며 전체적인 틀을 구상해 본다. 앞으로 어떤 식으로 구조를 바꾸는 것이 좋은지 가장 좋은 구조를 그려 본다.

조직도에 대해서 왜 그렇게 그렸는지 이유를 들어 설명한다.

(3) 행동 규범 만들기

조직을 운영하는 데 있어 팀이 한 방향으로 가기 위해 필요한 행동 규범을 구상한다. 처음부터 이상적인 조직은 없다. 다만 이런 행동 규범이 구조의 부족한 부분을 보완해 줄 수 있을 것으로 기대한다. 행동 규범은 조직의 구조와 함께 구성원의 심리적인 부분에 부정적으로 영향을 미치는 구성원의 행동을 제거하고, 긍정적인 행동은 지속 개발하여 건강한 조직 문화 구축에 기여한다. 모두 함께 모여 하지 말아야 할 행동, 계속해야 할 행동, 팀에 필요한 행동을 찾아본다.

하지 말아야 할 행동	계속 해야 할 행동	팀에 필요한 행동

(4) 모집 공고

추가로 팀원을 모집하는 상황을 가정을 하고 모집 공고를 작성해 본다. 모집 공고에는 팀 소개, 담당 업무, 필요한 핵심 역량, 기술, 경험이 정리된다. 선호하는 기술과 경험을 반드시 추가한다. 필요한 직급과 시점 등을 표시한다. 이를 통해 팀에 필요한 인력과 역량을 확인하고, 적절한 시점에 충원할 수 있도록 준비한다.

3) 코칭 시 활용 질문

다음 질문은 관련 내용을 논의할 때 코치로서 생각의 한계를 넓혀 주기 위해 확인해 봐야 하는 중요 요소들에 대한 질문이다.

조직구조 설계

• 조직에서 우리 팀의 목표는 무엇인가?
• 목표 달성을 이것을 위한 최적의 조직은 어떤 모습인가?
• 우리는 왜 함께 일해야 하는가?
• 누구에게 필요한 도움을 요청하는가?
• 동료가 없을 때 자신이 지원할 수 있는 동료의 업무는 무엇인가?
• 만약 혼자서 결정을 내려야 한다면 어떤 정보와 역량이 필요한가?
• 필요한 정보는 어떻게 공유되는가?

이상적인 조직구조

• 예상하지 못한 상황에서 나와 팀은 어떻게 행동해야 하는가?
• 개인의 강점을 발휘하기 위해서 무엇이 필요한가?
• 더 큰 조직 시스템을 위해 우리 팀은 어떻게 다른 팀과 협력해야 하는가?
• 자신에게 필요한 권한은 무엇인가?

- 자신의 결정이 옳다는 것을 어떻게 신뢰할 수 있는가?
- 팀의 목적을 이루는 데 어떤 구조가 최적인가?

행동 규범

- 내가 리더라면 업무를 수행하는 팀원에게 어떤 경우에도 잊지 말라고 당부하고 싶은 한 마디는 무엇인가?
- 최선을 다하고 싶은 나의 동기와 몰입을 방해하는 동료의 행동은 어떤 것들이 있는가?
- 조직에서 반드시 필요한 행동은 무엇인가?
- 팀의 목표를 위해 놓치지 말아야 할 행동은 무엇인가?
- 내일 아침 출근이 기다려지고 출근하는 것이 행복하다고 느낀다면, 무엇이 바뀌었을까?

Learning & Growth

1. 새롭게 배운 것은 무엇인가?

2. 어떤 것을 적용하고 싶은가?

3. 적합한 인재(Identify the right people)

1) 코칭 세션의 목적

'적합한 인재'란 팀의 공동 목적과 목표 달성에 필요한 역량을 갖춘 인재이다. 팀의 목적과 목표 달성에 기여하려는 의도를 가지고 부여받은 업무와 역할을 잘 수행하기 위해 자신의 기량을 발휘하며 일하는 팀 구성원 모두가 해당된다.

팀원 개개인은 자신의 업무와 역할을 수행하기 위해 고군분투한다. 자신의 능력, 기술과 경험을 활용하여 팀의 기대에 부응하려 하고 좋은 결과를 만들기 위해 노력한다. 하지만 실제 팀을 살펴보면 모든 팀원들이 기대하는 성과를 창출하지는 못한다. 그렇다면 지속 성장하는 팀이 갖추어야 할 인재는 누구이며, 필요한 역량은 어떤 것인가.

쉴라 머레이 베델(2006)은 팀원들이 가진 능력을 평가하는 방법에 대해 두 가지 단계로 제시하였다. 우선 팀원들에게 각자의 장단점을 열거하도록 하여 팀원들 간 서로 어떻게 도울 수 있는지를 알 수 있게 한다. 이때 서로의 약점을 비판하는 대화가 아니라 각자가 가진 능력과 기술에 적합한 임무를 부여받게 한다. 적합한 역할, 임무를 부여받아야 팀원들이 만족할 수 있고 생산성을 높일 수 있기 때문이다.

다음으로 팀이 수행하는 과업에 대해 얘기하게 한다. 팀이 맡은 업무가 무엇인지 알고 그 업무를 작은 부분으로 나눈다. 팀원들이 자신의 능력을 최대한 발휘하면서 업무를 수행하고 있는지를 판단하기 위해서이다. 이때 부족하거나 잘 안되고 있는 일의 목록을 작성하고 각 역할, 업무에 적합한 기술을 가진 적합한 인재는 누구인지 함께 토의하게 한다.

이 글에서는 먼저 팀의 중요한 목적과 목표 달성을 위해 필요한 역량을 인식한다. 다음으로 서로 다른 팀원과 상호 협력적인 관계로 일하기 위해 협업 능력이 필요하다. 앞과 같은 맥락에서 팀에 적합한 인재에 관한 팀 코칭 세션의 목표는 다음 3가지이다.

① 팀의 핵심 역할과 필요 역량 및 개인의 업무 역량을 점검한다.
② 팀원들 간의 상호 협력적으로 일하기 위해 필요한 협업 능력을 기른다.
③ 새로운 결과를 창출하기 위해 다양성을 존중한다.

팀이 주도하며, 팀 코칭의 결과로 팀원 개개인은 자신의 역량을 적극적으로 발휘할 기회를 갖게 되고 역량 개발에 대한 계획을 세우게 된다. 이 계획은 팀원의 자발적인 역량 개발을 위한 실천으로 이어지며, 팀장의 경우 팀원의 역량 개발을 위해 무엇을 어떻게 지원하면 되는지를 구체적으로 알 수 있다. 팀장에게 있어 이 세션은 팀원이 필요로 하는 것이 무엇인지 직접적으로 알게 해 주는 역할을 하며 팀의 지원 자원을 보다 효율적으로 활용하기 위한 계획을 수립할 수 있고, 변화무쌍하고 불확실하며 모호하며 빠르게 변화하는 상황에서도 지속 성장하는 팀에게 필요한 것은 무엇인가. 현재로부터 미래로 지속 성장하는 팀에게는 다양한 관점을 가진 구성원들이 필요하다. 팀원들의 다양성을 환영하고 그들의 능력, 강점을 활용하여 새롭게 할 수 있는 업무와 역할을 수행할 기회를 가지게 하는 것이다. 한편 사람이라면 가지고 있는 취약성을 솔직하게 말할 수 있는 안전을 보장받고 싶어 한다. 팀이 팀원들의 다양한 관점과 취약성을 있는 그대로 인정, 수용할 때 팀원들은 자신의 능력을 팀의 목적과 목표에 기여할 수 있기 때문이다. 팀장의 팀원 개발을 위한 지원 계획을 세우는 데에도 참고할 수 있다.

2) 진행 방법

이 단계에서 적합한 인재를 확인하고 역량을 개발하기 위한 활동은 다음과 같다.

(1) 팀의 핵심 업무와 필요 역량 점검하기

팀의 핵심 업무를 팀이 주체가 되어 토의하고 정하도록 한다. ① 팀의 핵심 업무를 팀원 각자가 포스트잇에 자유롭게 적는다. ② 공통된 의견으로 팀의 핵심 업무의 우선순위를 정한다. ③ 업무를 수행하는 데에 필요한 역량을 팀원들이 상호 협의하여 정한다.

팀의 핵심 업무와 필요 역량

	순위	핵심 업무	필요 역량
1			
2			
3			
4			
5			

이 활동을 통해 팀원들은 개인의 주관적 판단이 아닌 팀 중심적 관점에서 팀의 중요 업무와 필요 역량에 대해 인식하게 된다. 이것을 팀 코치는 팀장과 팀원들로 하여금 전체 공유하게 한다. 팀장은 팀원들이 팀의 일에 대해 관심을 가지고 있고 필요한 것이 무엇인지 알고 있다는 사실을 깨닫고 팀원들에 대한 믿음을 더 가지게 된다.

개인의 업무와 필요 역량

팀 전체의 핵심 업무와 필요 역량을 살펴보았다면 다음 단계는 팀원 개개인의 업무와 필요 역량을 점검하는 것이다. 팀원 개개인은 ① 현재 자신의 업무를 적고 성공적으로 수행하기 위한, ② 필요 역량을 팀원 자신이 먼저 적은 후 동료들의 의견을 반영하여 작성한다. 현재 업무를 잘 수행할 수 있는, ③ 나의 능력을 적고, ④ 동료들이 보는 자신의 능력을 듣고 반영한다.

현재 업무	필요역량	나의 능력	동료가 본 능력

이 활동은 팀원 개개인의 장점과 능력을 팀 전체가 알 수 있게 한
다. 능력이 부족하다고 인식하던 팀원이라면 자신의 일을 성공적
으로 할 수 있는 능력과 가능성을 발견할 수 있고, 잘 하고 있는 팀
원이라면 더 자기확신을 가지고 도전적으로 일하려는 동기가 유발
된다.

이 활동을 통해 코치는 팀원 개개인으로 하여금 자신의 역할과
업무를 수행하기 위해 필요 역량 및 자신의 능력을 활용하여 수행
한다는 것을 문장으로 완성하게 한다. 이 문장은 세션이 종료된 후
에도 팀 내에서 공유하고 상호 격려하기 위해 활용할 수 있다.

(2) 협업을 위한 상호 이해, 존중 및 기여 인정하기

팀원 개개인의 능력을 인식할 기회를 갖는다. 서로 다른 배경과
지식, 경험, 정보를 가진 다양한 팀원들이 팀원 간 기여하는 것, 팀에
기여하고 있는 것을 이해한다.

개인의 능력을 알기 위해 설문도구를 활용하면 도움이 된다.[1] 또
한 설문도구를 팀과 팀원 개개인의 고유한 강점을 이해하는 데 참고

한다. ① 자신의 강점을 심층
이해한다. ② 상호 기여를 인정
한다. ③ 팀에 대한 기여를 인
정한다.

　팀원 개개인은 세션 전에 팀
코치와의 1:1 세션을 가진다.
팀원 자신의 강점 결과를 가지고 40~50분 코칭을 받는 것이다. 현
재 업무수행, 함께 일하는 방식, 소통방식, 변화 상황에 반응 또는
대응하는 사고 행동 방식에 대해서 심층 이해할 수 있다. 특히 강한
특질을 나타내는 강점이 상황에 따라 취약성으로 나타날 수 있다
는 것을 깨닫게 된다.[2]

자기 강점	다른 팀원에 대한 기여	팀에 대한 기여

[1] 저자의 경우 Clifton Strength Finder 전문가이므로 이 도구를 사용하였다. 다른
　코치들은 자신이 알고 있는 설문도구를 활용할 수 있다.
[2] 팀원 개인의 강점을 심층 이해하고 통찰하도록 돕는 1:1 세션은 팀원 개개인이
　어떤 상황에서도 좋은 결과를 얻고 꾸준히 성장하기 위한 구체적인 학습과 실천
　을 계획하는 데에 직접적인 도움을 주는 효과가 있다. 이런 점에서 팀원 개개인
　의 1:1 세션을 본 세션에 앞서 진행하기를 권한다.

팀원 개인이 가진 능력을 인식하는 것은 팀원 개인, 팀 차원에서 모두 중요하다. 사람 개개인은 고유한 능력을 가지고 있는 존재이며 자신의 능력을 발휘하면서 일할 때 즐겁고 일에 대한 몰입감이 높다(Hawkins, & Smith, 2018). 만약 자신의 능력을 알지 못한다면 더 나은 성과를 얻거나 성공적으로 업무를 수행하는 데에 활용하지 못할 수 있으며, 팀에 필요한 역량을 발휘하지 못할 수 있다. 따라서 팀원 개개인의 능력을 살펴보는 것은 팀원 개인적 차원에서는 자신의 일을 성공적으로 수행하기 위해 필요하다. 팀의 차원에서는 각 팀원들의 능력이 곧 팀의 역량이 될 수 있다는 측면에서 의미있게 다루어져야 할 것이다.

(3) 새로운 결과 창출을 위한 다양성 존중하기

팀의 중요한 목표 달성을 위해 팀원들의 다양한 관점을 솔직하게 표현하도록 촉진한다. 이때 필요한 것은 팀원 개개인이 자신의 능력을 펼칠 수 있는 기회를 가지거나 서로 다른 견해를 안심하고 솔직하게 표현할 수 있는 환경이다. 다시 말해 다양한 관점을 가진 팀원들이 서로 다른 관점을 안심하고 솔직하게 표현할 수 있는 팀이라고 인식할 때 팀원들은 자신의 창의성을 발휘할 수 있다.

상호 취약성을 솔직하게 표현하는 팀이 되기 위해서는 필요한 것을 점검하고 팀원 스스로 현재 맡은 업무 이외에 새로운 역할이나 업무를 선택하는 활동으로 연결지어 본다. 팀원 개개인은 자신의 능력을 활용할 수 있는 기회를 갖는 것이 되고, 팀은 팀의 중요한 목표를 달성하는 데에 필요한 인재를 갖춘 팀으로 한 발 나아갈 수 있다. 인재를 찾는 기회가 된다.

새로운 역할, 업무 선택	나의 강점	나의 취약성

앞의 활동에서 팀 코치는 팀원 개개인이 자신의 능력을 발휘할
수 있는 기회를 스스로 선택할 수 있게 한다. 더불어 자신의 취약성
을 안심하고 드러낼 수 있도록 팀으로 하여금 질타하거나 평가, 판
단하지 않을 것을 요청한다. 그리고 팀장과 다른 팀원들이 그가 잘
수행할 수 있기 위해 필요로 하는 것이 무엇인지 팀원 개개인이 요
청하는 것을 존중하고 경청할 수 있도록 요구한다.

이로써 '적합한 인재' 팀 코칭은 현재와 미래에 지속 성장할 팀이
되기 위해 필요한 역량을 갖춘 인재를 갖추었는지 점검하고 팀에
필요한 인재로서 개발되기 위한 학습과 개발 계획을 세우고 세션
을 마무리한다.

팀 코칭의 과정에서 팀 코치는 팀에게 신속히 주도권을 넘기는
모습을 종종 보여 준다. 팀 코칭의 해결 주체가 팀이기 때문이다.
우선 앞과 같은 활동 과정에서 팀 코치는 활동을 안내하고 팀원 개
개인으로 하여금 발언하고 활동에 참여하게 할 수 있다. 한편 팀이

주도하게 하는 방식일 경우 팀원 가운데 한 명에게 활동 진행자 역할을 맡길 수 있다.

이때 팀 코치는 진행자를 도와 모든 팀원의 목소리가 표현되고 반영될 수 있게 하고, 팀 활동의 과정을 관찰하고 팀이 지원을 필요로 할 때 참여한 다음, 재빨리 팀에게 주도권을 넘기고 빠져 나온다. 팀의 완벽한 파트너로 참여하는 모습을 갖추는 것이 팀 코치가 갖추어야 할 역량이기 때문이다.

3) 코칭 시 활용 질문

다음은 팀원들이 생각의 한계를 넘어서도록 돕는 대한 질문이다.

핵심 업무와 필요 역량

- 우리 팀의 중요한 목적과 목표는 무엇인가?
- 조직 내에서 팀의 존재가치는 무엇인가?
- 팀의 목적, 목표를 달성하려면 어떤 역할, 업무를 하면 되는가?
- 여러 업무 가운데 우선순위를 정한다면 어떻게 할 수 있는가?
- 이 업무를 잘 수행하기 위해 어떤 역량이 필요한가?
- 업계 최고 수준이라면 어떤 역량을 갖추고 있겠는가?
- 현재 자신은 어느 정도의 역량을 갖추고 있는가?
- 더 개발할 필요가 있는 역량은 무엇인가?
- 어떤 교육, 훈련을 통해 역량을 갖출 것인가?

협업을 위한 상호 이해, 존중 및 기여 인정

• 각자 어떤 고유한 능력, 강점을 가졌는가?

• 자신의 역할과 업무에 어떻게 활용하고 있는가?

• 팀원의 취약성을 누가 보완해 주고 있는가?

• 개인이 기여한 것에 대해 어떻게 인정해 주길 바라는가?

• 향후 더 나은 방식으로 협업하기 위해 어떤 것을 조심할 것인가?

• 평소 힘들다고 생각한 사람은 자신의 역할에 어떻게 기여하고 있는가?

• 더 훌륭한 팀을 만들기 위해 자신은 어떤 행동을 더 하면 좋겠는가?

새로운 결과 창출을 위한 다양성 존중

• 향후 팀의 중요한 목표는 어떤 것이 있는가?

• 우리 자신의 강점을 발휘한다면 어떤 역할, 업무를 해 보고 싶은가?

• 우리는 일하는 과정에서 서로의 취약성을 존중하는가?

• 자신의 취약성을 안심하고 표현하기 위해 무엇이 필요한가?

• 솔직하게 일하는 것이 보장된다면 어떤 역할이나 일을 해 보고 싶은가?

• 팀이 지속 성장하기 위해 필요한 팀원이 있다면 어떤 사람인가?

• 취약성이 강점이 된다면 어떤 경우인가?

Learning & Growth

1. 새롭게 배운 것은 무엇인가?

2. 어떤 것을 적용하고 싶은가?

4. 적절한 프로세스(Guide the flow of work)

1) 코칭 세션의 목적

우리 팀을 하나의 몸이라고 할 때, 팀이 원활하게 잘 순환되기 위해서 무엇이 필요할까? 몸에서 각각의 기관을 잘 연결해서 혈류의 흐름을 돕는 것처럼 바로 리더와 팀원들이 서로가 잘 연결되어서 일하게 하는 적절한 프로세스가 필요하다.

팀의 적절한 프로세스는 그 팀의 구성 목적과 업무, 리더십 스타일, 운영된 기간에 따라서 달라지지만, 효율적인 운영을 위해 주로 활용되는 프로세스는 크게 세 가지이다. 첫째, 지금 주어진 일을 더 잘할 수 있도록 개선하는 '업무 프로세스', 둘째, 팀 구성원 간의 문제를 현명하고 효과적으로 해결할 수 있는 '갈등관리 프로세스', 셋째, 급변하는 시장 환경 속에서 조직과 개인이 함께 성장해 나가는 '변화관리 프로세스'로 구분할 수 있다.

업무 프로세스에서는 기본적인 업무 수행 방식은 어떤지, 잘 되고 있다면 그 효과는 무엇이고, 혹은 잘 되지 않는다면 어떤 불필요한 거품을 걷어내야 하는지, 합리적인 의사결정과 정보 소통을 어떻게 하고 있는지, 성과관리는 어떻게 하고 있는지 확인한다.

팀 내에서 갈등은 개별적이거나 집단적 갈등과 저항에 직면하는 경우에 발생할 수 있다. 하지만 이러한 갈등과 저항은 팀이 성장하고 발전하면서 반드시 발생하는 자연스러운 현상으로 보는 것이 좋다. 다만, 갈등을 방치하게 되면 더 큰 문제로 이어진다. 이에 갈등이 생겼을 때 이를 표면화하고 커뮤니케이션을 통해 합리적으로 문제를 해결해 나가는 프로세스를 활용하는 것이 효과적이다.

변화관리는 지금 하고 있는 것에서 새로운 무언가를 어떻게 바꿀 것인가라는 선제적인 노력에 속할 수 있다. 시장은 계속 바뀌고 있고, 경쟁 역시 심화되고 있다. 이러한 상황에서 그 자리에 머무르기만 하는 것은 퇴보를 의미한다. 세상의 변화에 맞춰 무엇을 바꿔야 하고 수정해야 하는지 현장에 있는 구성원의 경험과 지식을 바탕으로 지속적으로 업그레이드하는 것이 필요하다.

팀의 리더가 리더십에 관한 교육과 훈련을 받았다고 해서 팀이 180도 바뀌는 것은 아니라는 것은 경험을 통해서 이미 알고 있을 것이다. 리더가 새로운 교육을 받고 올 때마다 불편하고 힘들어 하는 팀원들 역시 존재한다. 이유는 구성원들도 그와 연결되는 교육 혹은 훈련을 통해 해당 내용을 이해하고 공감해야 함께 변화할 수 있기 때문이다. 앞에서 논의된 모든 프로세스의 변화는 리더가 주도적이되 결국에는 구성원들이 그 안에서 자신의 목소리를 통해 팀의 응집력을 만들어 내고 신뢰와 심리적 안정감이 바탕이 되어야 효과적으로 실현해 나갈 수 있다.

2) 진행 방법

이 단계에서 최적화된 프로세스를 만들기 위해 할 수 있는 활동은 다음과 같다.

(1) 개인과 공동 업무 적어 보기

자신이 진행하는 업무와 여기에 필요한 역할을 확인함으로써 현재 자신의 상황을 인식한다. 개인과 팀 업무(역할)를 명확히 하고, 업무 공유 및 팀원 유입 시 적극 활용 가능하다.

또한 업무 분장 시 업무에 대한 이해와 혼란을 방지할 수 있고, 전체 그룹과 내용을 나눌 때 해당 업무, 내용 등을 추가 보완할 수 있다.

- 팀 내에서 현재, 자신이 수행하는 업무를 적는다(*개인/공동 업무 구분).
- 해당하는 업무에 대한 내용을 상세히 기록해 본다.
- 업무 수행할 때 필요한 필요 지식, 기술, 태도 등을 나열한다.

업무명 (개인/공동)	업무 내용	업무 지식, 스킬, 태도

(2) 개인과 공동 업무 정리하기

각자 진행하는 업무와 함께 진행하는 부분을 분류해 본다. 먼저 개인 업무에 해당하는 부분을 포스트잇에 적어서 붙여 보고, 공동 업무에 해당하는 부분을 포스트잇에 적어서 붙여 본다. 이후 개인 혹은 공동 업무로 분류하기 불분명한 것도 적어서 붙여 본다. 공동 업무에 대해서는 나열 후 중요한 우선순위를 정해 본다.

• 포스트잇 한 장에 업무는 하나씩 적는다. 그래야 분류하기 용이하다. 이를 통해 업무의 주 책임자가 누구인지 확인한다.

개인업무	공동업무	분류하기 애매한 업무

(3) 업무 흐름도 그리기

팀이 가장 중요하게 진행하고 있는 공동 업무에 대해 리스트업을 하고 우선순위를 정해 본다. 가장 중요한 공동 업무에 대해 업무 흐름도를 그린다. 현재 상황에 대해 프로세스를 그림으로 그려보고 질문에 대한 답을 찾아본다.

- 가로(업무 흐름), 세로(팀원)의 형식으로 전지(화이트보드 등)에 [그림 3-3]과 같이 그린다.

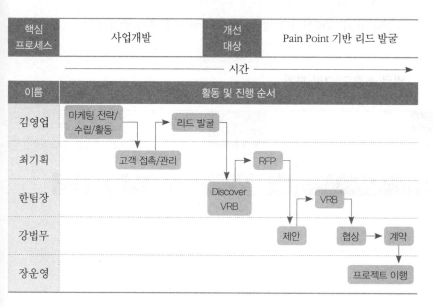

핵심 프로세스	사업개발		개선 대상	Pain Point 기반 리드 발굴

[그림 3-3] 업무 흐름도 예시

- 앞서 개인과 공통 업무 정리하기에서 적은 포스트잇을 활용한다.
- 처음 시작하는 사람부터 전지(화이트보드 등)에 자신의 업무를 시간 순서로 붙인다.
- 순서대로 포스트잇의 내용이 잘 보이게 붙인다.
- 업무의 순서를 화살표로 표시한다.
- 현재, 업무 진행 시 '잘하고 있는 것' 혹은 '업무 흐름이 원활한 곳'은 어디인가?

- 반대로 '잘 안 되고 있는 것' 혹은 '업무 흐름이 막혀 있는 곳'은 어디인가?
- '도움이 필요한 곳'은 어느 부분일까?
- 분류하기 애매한(불분명한) 업무는 어떻게 하면 좋을까?

업무 흐름도 그려 보기

핵심 프로세스		개선 대상	

시간 →

이름	활동 및 진행 순서

(4) 갈등 관리

참가자들이 솔직한 대화를 할 수 있는 환경을 조성하고 장려한다. 이는 참가자들 사이에 형성되고 있는 조직 간, 직급 간 긴장 및 잠재적인 갈등 요소를 알아차리는 것이 중요하기 때문이다. 그것을 모른 척 넘어가거나 참기보다, 적극적으로 표현하고 개선할 수 있는 역할을 하는 것이 필요하다.

겉으로 표현된 고통 밑에 숨어 있는 조직의 암묵적인 가정을 질문하고 도전한다. 그 자리에서 모든 것을 논의할 수 있지만, 모든 문제를 참가자나 코치가 해결할 수 없다는 것도 인지한다.

솔직하게 이야기할 수 있도록 코치가 안전한 환경을 만들어 주어야 속의 이야기를 다 할 수 있다.

도움이 필요한 리스트를 작성하고, 현장에서 해결할 수 있는 주제를 함께 선택하고 논의한다. 충분한 대화가 핵심이며 서로의 공통점을 먼저 찾고, 이견을 줄여 나간다. 필요한 경우 관련 임원이나 책임자와 별도로 대화하여 해결방안을 모색한다.

개선을 논의할 때 첨예하게 의견이 대립될 수 있음을 알고 있어야 한다. 최대한 합의를 추구하지만, 무리하지 않고, 오히려 해결을 위해 누구의 도움이나 결정이 필요한지 묻고, 다른 해결이나 도움이 필요한 부분을 정리하며, 코치는 필요한 행동을 진행하고 그 결과를 전체에 공유한다. 작은 것이더라도 함께 노력하면 해결이 가능하다는 것을 보여 주는 것이 중요하다.

(5) 변화 관리

시장과 경쟁, 사회의 환경에 대해 개인마다 인식하는 정보와 정도가 다르다. 서로가 가지고 있는 지식과 경험을 공유하며 서로 같은 생각을 갖도록 하는 것이 중요하다. 조직이 반영해야 하는 주제라면 이를 어떻게 대처할 것인지 계획을 세우도록 한다.

• 현재 조직을 둘러싸고 있는 환경에 맞추어 운영되고 있는 조

직은 적절히 대응하고 있는 것인지 구성원들과 확인하고 부족
한 점을 표면화시킨다.

- 변화관리 프로세스에 관해 잘하는 것이 어떤 것인지 논의하
고, 변화하고 발전시켜야 할 부분에 대해 아이디어를 모은다.
협의를 통해 이상적인 프로세스를 표준화 한다.

- 해당 프로세스를 바탕으로 현재 상황을 가지고 변화에 대한
대응방법을 찾아본다.

- 목표와 현실의 갭이 발생했을 때 피드백을 어떻게 할 것인지
확인하고, 수정해야 할 부분에 대해서는 책임자를 정해 추진
할 수 있도록 한다.

3) 코칭 시 활용 질문

다음 질문은 관련 내용을 논의할 때 코치로서 생각의 한계를 넓
혀주기 위해 확인해 봐야 하는 중요 요소들에 대한 질문이다.

업무 프로세스

- 지금 업무관리 프로세스에서 잘 되고 있는 것은 무엇이고, 안
되고 있는 것은 무엇인가?

- 지금 불편하지만 억지로 참고 있는 업무 절차는?

- 자신이 수행한 업무에 대해 필요한 시점에 피드백 받고 있지
못한 업무절차는 무엇인가?

- 예측할 수 없는 절차는 무엇인가?

- 같은 일을 중복해서 수행하고 있다고 느끼는 업무는 무엇이 있는가?
- 마음대로 할 수 있다면 바꾸거나, 없애거나 개선하고 싶은 업무는 무엇인가?

갈등관리 프로세스

- 현재 팀 내 갈등이 있는가? 있다면 어떻게 관리하고 있는가?
- 팀 내 심리적 안정감이 유지되는가?
- 팀 내에서 자신의 의견이나 불편 사항을 구체적으로 이야기할 수 있는가?
- 갈등에 대한 중재는 누가하고 있는가?
- 팀 내 마음 편하게 이야기할 상대가 있는가?
- 갈등에 대해서 누구에게 이야기하는 것이 가장 효과적인가?

변화관리 프로세스

- 우리가 시장에서 놓치지 말아야 하는 변화는 무엇인가?
- 변화관리에 대한 정보를 어디서 얻고 있는가?
- 변화를 위한 구체적인 프로세스에 대해서는 누구와 논의할 수 있는가?
- 지금까지 일하던 방식에 변화를 준다면, 가능한 것은 무엇인가?
- 팀원으로서 진정으로 이루고 싶은 것은 무엇인가?
- 그것을 할 때 염려되는 것은 무엇인가?

Learning & Growth

1. 새롭게 배운 것은 무엇인가?

2. 어떤 것을 적용하고 싶은가?

5. 필요 자원(New energy)

1) 코칭 세션의 목적

자원을 확보하는 것은 팀이라는 조직에 에너지를 공급하는 것과 같다. 팀이 아무리 이상적인 구조를 가지고, 좋은 프로세스를 만들었어도, 그 조직을 돌리는 자원을 공급하지 못한다면 팀은 돌아가지 않으며 원하는 목표도 달성할 수 없다.

조직에 필요한 에너지는 크게 금전 자원, 운영 자원, 감정 자원으로 나눌 수 있다. 금전 자원은 보통 팀의 예산과 보상에 쓰이는 자원으로 쉽게 말하면 돈이다. 운영 자원은 팀을 운영하는 데 필요한 공간, 도구, IT 소프트웨어 등의 자원을 말한다. 감정 자원은 구성원들이 신나게 활동할 수 있는 에너지로 인정과 칭찬 등을 통해 얻는다.

금전 자원인 예산은 팀에게 맡겨진 일을 하기 위해 회사에서 책정해 주는 자원이다. 팀장은 해당년도에 해야 하는 일에 어느 정도 예산이 들어가는지 추정해야 한다. 그래야 일을 하면서 자원이 부족해서 일의 추진이 어려운 상황을 피할 수 있다. 회사에서는 일반적으로 주어진 예산으로 많은 일을 해낼 것을 원한다. 이에 충분하지는 않더라도 일을 해낼 수 있는 최소한의 자원은 예상하고 확보해야 한다.

보상은 일하는 팀원의 노동력에 대한 대가이다. 예를 들어, 월급은 회사를 다니는 근본적인 이유이고, 얼마를 보상하느냐에 따라 구성원이 느끼는 책임감도 달라진다. 여기에 추가적으로 인센티브가 있다. 일의 난이도에 따라 인센티브도 달라지는데 이러한 외적 보상은 구성원들이 열심히 일하도록 하는 동인이 된다.

사람은 일반적으로 보상을 생각할 때 자신이 한 것보다 많이 받기를 원하지만 조직 내의 자원은 무한하지 않다. 그러므로 리더는 팀이 들이는 현실적인 노력과 얻을 수 있는 결과, 이에 따른 적절한 보상을 적절히 조율해야 한다.

보상은 외적 보상과 내적 보상으로 나뉜다. 금전적 보상은 외적 보상으로 자극적이고 바로 행동을 이끌어 낸다는 특징이 있다. 상대방의 행동을 이끌어 낸다는 점에서는 좋지만 이 보상의 효과는 오래가지 못한다. 그리고 받은 보상은 비교하게 된다. 기존에 받았던 보상과 비교해서 새로운 보상이 적거나, 앞으로 해야 할 일이 어렵다고 판단하면 구성원은 움직이지 않는다. 또한 보상에 길들여지면 일에 흥미를 잃고 창의성도 떨어진다.

인정과 칭찬은 내적 보상에 속한다. 내적 보상은 그 효과가 지속적이고, 계속 사용해도 효과가 줄지 않는다. 인정과 칭찬을 잘하기 위해서 리더는 구성원의 행동을 유심히 관찰하는 것이 필요하다. 관찰은 리더의 가장 근본적인 역량이다. 팀원이 어떻게 하고 있는지 함께 하는 시간을 갖는 것이 필요하고, 그럴 조건이 안 될 때는 과제와 결과 사이의 진행을 살펴 노력과 결과를 파악한 후 인정할 소재를 찾아야 한다. 살펴보지도 않고 인정할 것이 없다고 하는 것은 노력하지도 않고 좋은 결과가 안 나온다고 푸념하는 것과 같다.

인정과 칭찬에도 노력과 진심이 필요하다. 코치는 리더가 이런 행동을 할 수 있도록 도와주어야 한다.

이번 코칭 세션에서는 필요한 자원이 무엇인지 확인하고, 자원의 우선순위를 세우고, 어떻게 기존 자원을 배분하고 부족한 자원을 확보할지에 대한 답을 찾는다. 이러한 과정을 통해서 팀의 구성원들은 자원투자에 대해서 현재 상황에 대해 명확히 이해하게 되고, 앞으로의 계획을 알게 됨으로써 좀 더 환경을 이해하고 일할 수 있다. 무엇보다 감정자원을 통해 팀원들의 에너지를 높이는 것이 핵심이다.

2) 진행 방법

이 단계에서 필요한 자원을 확인하고 최적화하여 활용할 수 있는 활동은 다음과 같다.

(1) 금전 자원 관리

연봉과 인센티브, 예산과 같은 금전 자원의 경우에는 민감한 부분이라 코치가 팀원들과 함께 이야기하는 것이 적당한지 여부를 사전에 팀장 또는 HR 등 이해관계자와 논의해서 결정한다. 팀원들과의 공유가 필요없을 경우에는 팀장과의 1:1 코칭에서 필요 자원을 확인하고, 확보 방안을 점검하는 수준으로 진행한다.

(2) 운영 자원 확인

코치는 앞서 정한 팀의 목적과 프로세스에 맞게 일을 진행함에 있어 필요한 자원이 무엇인지 생각하게 한다. 팀원들 모두 해당 내용을 각자 적고 공유하도록 한다. 발표한 내용은 비슷한 것끼리 그룹핑을 하고, 어떤 것부터 확보해야 하는지 우선순위를 정하고, 책임자를 정해 누가 자원을 확보하고, 관리할 것인지 정한다.

구분	필요 자원
공간, 업무 환경	
IT시스템, 솔루션	
기타 도구, 비품	

(3) 감정 자원

구성원 간에 인정과 칭찬을 함으로써 서로의 존재감을 확인하게 한다. 팀원 개개인에게 인정하고 칭찬할 만한 내용을 각자 적도록 한다. 한 명에게 팀원들이 돌아가며 인정과 칭찬의 메시지를 전달해 준다. 인정과 칭찬을 다 들은 팀원은 감사의 인사를 전한다. 한

명이 끝나면 그다음 사람으로 넘어가서 팀원 모두가 다른 팀원들에게 인정과 감사의 메시지를 들을 수 있도록 한다. 코치는 서로가 인정과 칭찬을 잘하고 잘 받을 수 있도록 방법을 설명해 준다.

이름	인정, 칭찬 포인트

3) 코칭 시 활용 질문

해당 질문은 관련 내용을 논의할 때 생각의 한계를 넓혀 주기 위해 확인해 봐야 하는 중요 요소들에 대한 질문이다.

금전 자원

- 팀의 예산은 적절히 확보되고 있는가?
- 팀의 예산은 중요도에 따라 활용되고 있는가?
- 추가되는 업무에 대한 필요예산은 어떻게 확보하고 있는가?
- 현재 보상의 장단점은 무엇인가?
- 현재 보상을 어떻게 변경하면 효과적이겠는가?

운영 자원

- 일을 진행할 자원(예: 공간, 시간, 컴퓨터 등)을 적절히 제공받는가?
- 생산성을 높이기 위해서 필요한 자원에는 어떠한 것들이 있는가?
- 자원을 확보하는 데 어려운 점은 무엇인가?
- 자원을 확보하기 위해 어떻게 할 것인가?
- 자원 확보를 위해 누구의 지원을 받을 것인가?

감정 자원

- 팀원별 장점은 무엇인가?
- 팀원별 잘하고 있는 행동은 무엇인가?
- 팀원별 노력하고 있는 점은 무엇인가?
- 우리 팀은 인정, 칭찬을 위해 정기적으로 진행하는 행사나 방법은 무엇인가?
- 팀원의 감정적 에너지를 높이기 위해 팀장은 어떻게 할 것인가?

Learning & Growth

1. 새롭게 배운 것은 무엇인가?

2. 어떤 것을 적용하고 싶은가?

6. ALIGN 요약

이상으로 ALIGN 팀 코칭 모델의 다섯 가지 요소와 각 요소에 포함할 내용을 살펴보았다. 각 요소는 다음과 같이 요약할 수 있다.

1) 강력한 목적(Aim the purpose)

강력한 목적은 기업의 미션도 아니며, 전략을 실행하는 개인의 역할에 대한 정의도 아니다. 강력한 목적은 기업의 큰 미션에도 기여하면서 팀의 핵심 작업을 통해 이루고자 하는 팀의 목적이자 목표이다. 이 목적은 개인의 가슴을 뛰게 할 만큼 개인의 열정과 욕구를 자극할 수 있다. 팀원 모두가 분명히 이해하고 충분히 도전적인 강력한 목적을 실현한 결과가 팀 구성원 개인에게도 유익한 가치와 연결된다. 팀 구성원 개인의 비전과 목적으로부터 팀의 담대한 목표를 달성할 수 있는 강력한 목적을 함께 도출한다.

2) 건강한 구조(Line up the structure)

기존 조직의 구조에 맞춰 업무를 끼워 맞추기보다 팀의 업무를 효과적으로 수행하기 위해 역할과 책임, 정보의 흐름을 고려하여 조직의 형태를 팀 구성원이 함께 점검한다. 완벽한 조직이 아니라 현재 팀의 역량과 자원을 고려하고, 참여하는 모든 팀 구성원들이 공감하고 인정할 수 있는 조직의 구조를 구축하는 것이 목표이다. 구성원들의 업무 몰입에 필요한 동기와 에너지를 유지하거나 촉진하는 데 필요한 행동의 규범을 함께 설계한다. 강력한 목적으로 팀이 지속 가능한 성장을 계속할 수 있는 조직의 구조적인 환경을 점검한다.

3) 적합한 인재(Identify the right people)

팀의 목적과 목표에 기여할 역량을 갖춘 적합한 인재를 갖추는 것이 세션의 목표이다. 우선 팀의 핵심 업무와 필요 역량을 팀원들이 도출하게 하고, 팀원 개개인의 필요 역량을 인식, 개발 계획을 세우도록 한다. 서로 다른 팀원들과 상호 협력적으로 일하기 위해 필요한 협업 능력을 기르도록 개인의 강점 이해, 존중 및 상호 기여를 인정하도록 한다. 나아가 꾸준히 지속 성장하는 팀이 되기 위해 팀원들의 다양성을 환영하고 강점을 발휘할 수 있는 기회를 팀원들이 선택하도록 한다. 이로써 팀원들은 팀에 필요한 역량을 갖춘 필요한 인재로 개발되고 팀은 현재와 미래에도 지속 성장하는 팀에 필요한 인재를 갖추게 된다.

4) 적절한 프로세스(Guide the flow of work)

리얼 팀으로 그 기능을 활발히 발휘해 가는 과정이자 팀이 현재 당면한 이슈를 해결해 가는 과정이다. 불필요한 절차 등으로 업무 진행을 가로 막는 경우, 성과 관리가 필요할 때 새로운 업무관리 프로세스가 필요한 경우에 재정비한다. 팀 내 갈등 상황이 원인인 경우에는 그것의 인과관계를 파악하고 갈등으로 인한 오해는 풀고 상호 이해를 돕는다. 또한 팀 내 새로운 변화와 혁신이 필요한 경우 변화 관리 프로세스를 만들어 갈 수 있다. 모든 프로세스는 각 팀의 상황에 따라 적합하게 적용될 수 있다.

5) 지원 자원(New energy)

금전자원, 운영자원, 감정자원이라는 기준하에 최적화한 팀에 필요한 요소들이 무엇인지와 그것을 채우기 위한 방법이 무엇인지 확인했다. 다른 자원은 확보하는 데에 타인의 결정과 지원이 필요한데 비해, 감정자원에 해당하는 것은 자신이 채우겠다는 마음만 있으면 바로 활용할 수 있다는 점을 기억했으면 좋겠다.

이상의 다섯 가지 요소로 구성된 ALIGN 팀 코칭 모델은 팀 구조를 갖추고 유지하려는 팀, 조직에게 유용한 모델이다. 짐작하겠지만 이 모델을 활용하여 실제 팀 코칭을 진행하기 위해서는 팀 코칭의 역량이 필요하다는 것을 알 수 있을 것이다. 그렇다면 팀 코칭답게 ALIGN 팀 코칭은 물론 팀 코칭을 진행하려는 팀 코치에게 필요한 역량과 태도는 어떤 것이 있을까. 이어지는 4장에서 팀 코칭답게 수행하기 위해 필요한 실천과 팀 코칭 역량에 대한 이해를 갖추기를 기대한다.

6) ALIGN 팀 코칭 체크 리스트

✓ ALIGN 팀 코칭 모델을 적용하기 전 또는 후에 체크해 보세요.

Aim the purpose: 팀은 구성원의 가슴을 뛰게 하는 목적과 목표는 무엇인가?	✓
1	팀원들은 팀의 목적을 알고 있다.	
2	팀원들은 성공한 모습을 비전으로 공유하고 있다.	
3	팀은 비전과 목적을 실현할 구체적인 목표를 가지고 있다.	
4	팀의 비전은 팀원 개개인의 가치와 연결되어 있다.	
5	팀의 비전과 목적은 팀원의 성장 욕구를 자극한다.	

Line up the Structure: 팀의 목표를 실행할 수 있는 건강한 구조를 갖추었는가?	✓
6	우리 팀은 목표를 실현할 최적의 조직구조를 가지고 있다.	
7	우리 팀은 최적의 조직구조를 방해하는 요소를 알고 있다.	
8	우리 팀은 최적의 조직구조를 만드는 방법을 알고 있다.	
9	우리 팀은 조직을 최적으로 운영하기 위한 행동규범을 가지고 있다.	
10	우리 팀은 행동규범에 맞춰 행동하고 있다.	

Identify the right people: 팀의 목적, 목표에 기여할 적합한 인재를 갖추었는가?	✓
11	우리 팀의 목표를 이루는데 필요한 역할이 무엇인지 분명히 알고 있다.	
12	우리 팀은 팀 운영에 필요한 역할과 책임에 대해 정리한 문서가 있다.	
13	우리 팀은 팀원들의 강점이 무엇인지 알고 있다.	
14	우리 팀은 팀원들의 약점, 개발 포인트를 알고 있다.	
15	우리 팀은 팀원 개개인을 성장시킬 개발 계획이 있다.	

Guide the flow of work: 일은 효율적으로 돌아가는가?	✓
16	우리 팀은 가장 효율적인 업무 프로세스를 갖추고 있다.	
17	우리 팀은 업무를 효율적으로 진행하기 위해 상호 커뮤니케이션 한다.	
18	우리 팀은 갈등이 존재한다.	
19	우리 팀은 갈등을 효과적으로 해소한다.	
20	우리 팀은 시장 및 환경 변화에 효과적으로 대응하고 있다.	

New Energy: 자원을 효과적으로 활용하고 있는가?	✓
21	우리 팀은 목표를 이루는데 필요한 금전자원, 예산을 확보하고 있다.	
22	팀원들에 대한 보상은 합리적이다.	
23	팀원들에 대한 보상은 공평하다.	
24	우리 팀은 일을 진행하는 데에 필요한 자원을 확보하고 있다.	
25	우리 팀원들은 노력한 부분에 대한 인정과 칭찬을 잘 받고 있다.	

제**4**장

팀 코칭 역량

TEAM COACHING ALIGN

1. 팀 코칭 설계에서 마무리까지

팀 코칭을 잘 수행하기 위한 방법은 배운 것을 시도하고 반복하여 경험을 쌓는 것이다. 운동을 잘 하려면 필요한 근육의 근력을 기르는 것처럼 알게 된 모델을 실제 팀에 적용하여 팀 코칭 수행 근력을 길러야 한다. 이 장에서는 팀 코칭을 수행하는 데에 필요한 방법을 구체화하기 위해 팀 코칭 설계, 팀 코칭 진행, 팀 코칭 마무리 단계로 나누어 이해와 적용을 돕고자 한다.

첫째, 전체 팀 코칭 설계 단계는 팀 코칭의 전체 과정을 계획하는 것이다. 팀 코칭을 도입하려는 조직의 주요 이해당사자 및 팀 구성원과의 면담을 진행하며, 팀 코칭의 목적, 목표와 기대 및 전개방식에 대해 합의한다.

둘째, 팀 코칭 진행 단계는 설계된 팀 코칭 세션을 진행하는 것이다. 팀 코치는 팀과 함께 상호 협력하여 세션을 진행하며 팀이 주체가 될 수 있도록 팀의 파트너로서 모습을 보여 준다.

셋째, 팀 코칭 마무리 단계에서는 팀 코칭의 성과를 점검하고 팀과 팀원들의 변화와 성장을 축하한다. 팀 코칭 세션을 통해 팀 코칭의 목표 달성에 관한 진척 정도를 점검 및 성찰하게 하고 팀원들의 기여와 성장을 인정하고 축하하며 마무리한다.

1) 1단계: 전체 팀 코칭 설계 및 합의

팀 코칭 설계란 팀 코칭을 도입하려는 조직이나 팀의 이해관계자와의 협의를 통해 전체 프로젝트에 대한 계획을 세우는 것이다. 핵심은 팀 코칭의 기대 목표를 명확하게 합의하고 효과적인 팀 코칭을 설계하는 것이다. 이를 위해 이해관계자, 팀 구성원들의 기대, 현재 조직의 맥락, 조직의 역동, 관계에 관한 정보 수집이 중요하다. 팀 코치는 이해관계자인 HR, 스폰서, 팀장 및 최고경영자와의 면담을 통해 팀이 처한 상황과 조직 이해관계자의 필요를 이해하고 팀 코칭 설계에 반영할 수 있어야 한다. 팀 코칭의 목표에 대한 합의를 비롯하여 팀 코칭의 대상이 되는 팀, 수행 기간, 세션 회기, 설문 도구, 비용 및 상호 책임에 대해 합의한다.

다음은 조직과 팀의 니즈를 확인하기 위한 접근법이다.

(1) 니즈 확인하기

니즈 확인하기는 팀 코치가 조직이나 팀이 팀 코칭을 도입하려는 목적과 목표를 이해하고 합의하기 위해 반드시 필요하다. 팀 코치는 조직 내 이해당사자는 물론 팀 코칭에 참여하는 팀장, 팀원들의 필요를 이해하기 위해 면담 요청을 할 수 있다. 이때 조직이 팀에 기대하는 것, 팀의 중요한 목표나 니즈 그리고 팀원들의 니즈를 파악하고 팀 코칭 설계에 반영한다.

이해관계자 및 팀장의 니즈

팀 코치는 CEO, HR 및 팀 스폰서 등 팀과 관련된 이해관계자와의 면담을 가진다. 이를 통해 조직이 기대하는 팀 개발의 방향과 기대목표를 알 수 있다. 그리고 팀장과의 면담을 통해 팀이 직면하고 있는 상황 맥락에서 팀의 니즈를 이해하고 파악할 수 있다. 다음은 면담에서 사용할 수 있는 질문이다.

- 팀은 어떤 도전상황에 있는가?
- 팀의 중요한 목표는 어떤 것인가?
- 팀 코칭에 대해 어떻게 이해하고 있는가?
- 이전에 팀 개발을 지원받은 적이 있는가?
- 팀 내에 어떤 어려움이 있는가?
- 팀장으로서 기대하는 것은 무엇인가?
- 팀에게 일어나길 바라는 변화는 무엇인가?
- 팀 코칭이 성공적이었다는 것을 어떻게 확인할 것인가?

팀원들의 니즈

무기명으로 진단 또는 설문을 진행할 경우의 장점은 팀원들이 말하지 않은 숨은 니즈에 관한 정보를 얻을 수 있다는 점이다. 겉으로 드러나지 않은 잠재된 문제, 불만, 요구에 관한 정보를 얻고 분석하여 효과적인 팀 코칭을 설계하는 데에 참고한다. 진단이나 설문은 팀의 분위기, 상황에 따라 진행하거나 하지 않을 수 있다. 다음은 팀원들과의 면담에서 사용할 수 있는 질문이다.

- 팀원으로서 어떤 어려움을 가지고 있는가?
- 팀이 더 발전하기 위해 필요한 것은 무엇이라고 생각하는가?
- 팀 코칭에 참여하는 데에 어떤 기대나 우려가 있는가?
- 팀 코칭에서 어떤 것을 다룬다면 의미가 있겠는가?

이해관계자, 팀장 및 팀원들의 니즈를 파악하는 가장 큰 이유는 팀의 성공적인 개발에 모두의 관심과 지원을 얻고 팀원들의 적극적인 참여를 동기부여하기 위함이다. 관심과 지원, 팀원들의 참여도가 높으면 높을수록 팀 코칭은 성공적일 수 있다. 따라서 팀 코칭의 니즈 파악은 이해관계자의 관심과 지원을 얻고 팀원들의 참여를 이끈다는 측면에서 반드시 필요하다. 가능하다면 팀 코치는 진단이나 설문을 제안하여 진행하도록 한다.

(2) 팀 코칭 도구 협의하기

팀 코치는 설문 도구의 사용을 제안하고 협의하여 결정한다. 팀 코치는 구성원들의 다양성을 이해하고 팀과 신속하게 관계를 형성할 수 있어야 한다. 특히 팀과 팀원들에 대한 이해는 팀 구성원 간의 역학관계를 이해할 수 있으며 팀 내 역동을 불러일으킬 수 있으므로 초기에 팀에 대한 정보를 얻는 것이 필요하다.

설문은 팀 코치가 전문성을 가지고 활용할 수 있는 설문 도구를 사용한다. 이는 설문의 결과를 풍부하게 설명할 수 있고 팀에 적합하게 이해 가능하고 구체적으로 도울 수 있다. 팀이 잘 구성되어 있고, 운영되는지 알기 위해 ALIGN 팀 코칭 체크리스트를 141쪽에서 소개하고 있다. 이는 팀의 현재 상태와 프로젝트 이후 변화 정도를 확인하는 데 활용할 수 있다. 이외에 강점 설문[1]을 사용할 수 있다. 팀원 자신과 다른 팀원들의 강점에 대한 이해를 돕고 새로운 역할이나 업무를 선택하거나 수행할 때에 자신의 강점을 발휘하는 방법이나 상호 협력할 수 있는 방안을 모색하는 데에 효과적으로 활용할 수 있기 때문이다.

고객은 합의 과정 또는 후에 설문을 진행하는 방식에 대해 궁금할 수 있다. 팀 코치는 설문 시점, 진행 방식 및 활용 방법에 대해 이해할 수 있도록 상세히 안내하도록 한다.

- 사용할 설문 도구의 종류
- 설문 도구에 대한 팀 코치의 전문성
- 설문 도구 진행 시기
- 설문 진행 방식에 대한 안내
- 진행결과의 용도와 활용 시기

2) 2단계: 팀 코칭 세션 진행

팀 코칭은 일회성 워크숍과 다르게 여러 세션에 걸쳐 몇 개월 간

---

1) 저자는 Strengths Finder에 대한 전문가로 ALIGN 팀 코칭에서 이 도구를 활용하고 있다. 이외에 Q12(팀 몰입도), Emotional Intelligence(감성지능), DISC, 버크만 진단 검사 등의 설문을 사용할 수 있다.

진행된다. 이때 각 개별 세션은 팀 코칭 목적, 목표와 관련되어 있지만 독립된 주제와 목표를 가지고 있고, 개별 세션 간에는 상호 연결성을 가지고 있다.

　팀 코칭 세션의 프로세스는 팀 코치의 필수 요소 중 하나이다. 독립된 주제와 목표를 가진 개별 세션을 진행할 때 팀 코치에게는 단순하고, 예측 가능하며 효율적으로 시간을 관리할 수 있는 장점이 있다. 또한 프로세스를 팀이 알 수 있게 하고 진행할 경우, 팀 구성원들이 세션의 흐름을 예측하고 안정적으로 팀 코칭에 참여할 수 있다. 팀 코칭은 팀원들의 심리적 안전감을 보장하면 할수록 성공적이기 때문이다.

[그림 4-1] 팀 코칭 세션 프로세스

ALIGN 팀 코칭의 경우 'T.R.U.S.T' 프로세스로 진행한다. 팀이 상호 신뢰를 바탕으로 솔직하게 상호작용할 수 있도록 'T.R.U.S.T'

를 유지하기를 기대한다는 의미를 내포하고 있다. 즉, 팀 코치는 팀
코칭 세션을 3~4시간 진행하는 경우 팀과 라포를 형성하기 위한
아이스브레이킹을 하고, 세션의 주제에 관하여 'T.R.U.S.T' 순서로
운영한 다음 세션을 마무리한다.

다음은 팀 코칭 세션을 진행하는 과정을 시작, 중간, 마무리 등
세 단계로 구분하여 팀 코칭을 전개할 수 있다. 시작 단계는 팀을
팀 코칭의 장으로의 초대, 중간 단계는 메인 주제에 대해 TRUST 프
로세스로 진행, 마무리 단계는 배움과 개발 계획 공유 등에 중점을
두고 진행한다. 구체적으로 다음과 같이 할 수 있다.

(1) 초대하기: 아이스브레이킹

세션 프로세스를 시작할 때 팀 코칭 참가자들의 마음을 열어 주
는 것은 간단한 활동 같지만 전체 코칭 효과를 높이는 데 큰 영향을
미친다. 아무래도 속마음을 열고 대화를 하다 보면 팀원들이 진정
으로 원하는 것과 하고 싶은 이야기를 나눌 수 있기 때문이다.

아이스브레이킹을 진행할 때는 하나의 주제를 가지고 이야기를
나누거나 게임 같은 간단한 활동으로 진행할 수 있다. 이때 잊지 말
아야 할 것은 해당 세션에서 진행할 주제와 아이스브레이킹이 연
관성을 갖는 것이다. 그래야 시간을 효율적으로 쓸 수 있고, 이 활
동이 메인 주제 활동에도 도움을 줄 수 있다.

예를 들어, 세션 주제가 개인의 비전을 잡는 것이라고 할 때 아이
스브레이킹으로 그동안 살아오면서 가장 행복했던 순간이나, 인생
에 인상적인 장면을 간단히 그리도록 하고 이야기 나누게 한다. 이

후 비전을 그리는 활동을 할 때 자신이 무엇을 좋아하고, 중요하다고 생각하는지 고민을 했기 때문에 본 작업을 할 때 도움을 받을 수 있다.

아이스브레이킹은 메인 프로세스 주제와 연결하여 시의성 있게 준비하되, 팀 코칭 참가자들이 전체 팀 코칭에 편하고 적극적으로 참여하도록 하는 것이 목적임을 잊지 말자.

(2) T.R.U.S.T 프로세스

세션의 주제를 집중적으로 다룬다. 팀 코치는 세션의 주제와 세션에서 얻기를 기대하는 결과에 대해 확인하는 것을 시작으로 세션 주제의 결과에 대한 점검을 하고, 참여한 팀원들의 배움과 실행 계획한 것을 확인하고 마무리한다. 각 세션은 T.R.U.S.T 프로세스로 전개한다.[2]

Topic

팀 코칭의 목표와 관련된 세션의 주제를 확인하고 기대목표를 탐색한다.

솔직하게 표현할 수 있는 안전한 환경을 조성하기 위해 함께 규칙을 정하거나 요청한다.

---

2) T.R.U.S.T 코칭 프로세스 이외에 독자가 알고 있는 코칭 프로세스가 있다면 그것을 활용해도 된다.

- "우리는 이번 세션에서 _____에 대해 다룰 것입니다."
- "성공적인 세션이 되기 위해 서로 지킬 것을 약속합니다. 팀과 코치는 상호 협력적으로 세션에 참여하며, 서로 다른 관점, 의견을 환영하고, 존중합니다. 판단, 비판, 충고, 조언하지 않습니다. 상대를 더 이해하기 위해 뜻을 묻고 경청합니다."
- "_____를 얻기를 바랍니다."
- "어떤 것을 얻게 되기를 바랍니까?"

Revisit / Reflection

팀 코치는 이전 세션에서 계획한 것을 상기하게 한다. 그리고 팀원 개개인, 팀 차원에서 실행한 것과 배움을 공유하게 한다. T.R.U.S.T 프로세스에서 Revisit / Reflection단계는 이전 세션에서 계획한 것을 실행하고 이를 통해 알게 된 것을 모두 나누도록 한다.

팀 코칭에 앞서 오리엔테이션 세션을 가진다. 팀은 사전 설문이나 개인 면담을 시행한 후 첫 세션에 참가하게 되는데, 설문이나 면담 이후 실행한 것에 대해 상호 공유하게 한다.

- "지난 세션에서 하기로 한 것은 어떤 것입니까?"
- "실행을 통해 새롭게 알게 된 것은 어떤 것입니까?"
  (팀원 한 명씩 실천한 것과 소감을 모두 표현하도록 한다. 이때 코치는 인정, 지지를 표한다. 참가자 모두 표현하며, 코치는 성공적이든 아니든 그 시도를 인정, 지지한다.)
- 팀 코치는 서로 다른 관점, 견해를 존중하고, 개인의 기여를 인

정하고 상대의 말을 경청한다. 팀의 노력, 성과를 인정, 축하하며 팀에 나타난 변화와 진전을 알게 한다.

Unclearness / Urgency

세션의 주제와 관련하여 우선적으로 다룰 초점을 정하고 탐구, 탐험한다.

- "오늘 세션 주제와 관련하여 중요하게 다룰 것은 무엇입니까?"
- "우리 모두 만족스런 이상적인 상태/결과는 어떤 것입니까?"
- "그 상태가 되면 우리는/자신은 무엇을 얻게 됩니까?"
- "지금과 무엇이 달라지게 됩니까?"
- "우리는 현재 어떤 상태입니까?"
- "우리가 원하는 상태가 되려면 어떤 것에 집중하면 되겠습니까?"
- "우리가 얻고자 하는 결과는 어떤 것입니까?"

Shift / Strengths

팀이 앞으로 나아가기 위한 새로운 관점으로 전환하도록 지원한다. 팀원, 팀의 강점과 경험, 능력을 활용하여 가능한, 다양한 시도를 탐색하게 한다.

- "우리는 무엇을 잘 할 수 있습니까?"
- "원하는 결과를 얻으려면 어떤 것을 하면 됩니까?"

- "이전과 달라진 상황인 만큼 다르게 할 것은 어떤 것입니까?"
- "앞으로 나아가기 위해 무엇을 바꾸거나 하지 않아야 합니까?"
- "우리가 활용하지 않은 각자의 능력, 팀의 강점은 어떤 것이 있습니까?"
- "조직의 가치, 비전과 연결되는 도전적인/바보같은 방법은 어떤 것입니까?"
- "우리를 나아가지 못하게 하는 규칙, 패턴, 관점, 행동, 신념은 어떤 것입니까?"
- "이 가운데 어떤 것을 시도할 수 있습니까?"

Try it!

팀 코치는 세션 주제, 초점, 목표와 관련하여 팀과 팀원들이 새롭게 인식한 것을 묻는다. 그리고 팀원 개개인, 팀 차원에서의 구체적인 실천 계획을 세우게 하고 팀원들이 상호 지지, 지원을 약속하게 한다.

- "우리가 얻고자 한 결과에 만족합니까?"
- "오늘 세션에서 (주제 관련) 새롭게 안 것은 어떤 것입니까?"
- "오늘 세션에서 (자신, 동료로부터) 배운 것은 어떤 것입니까?"
- "어떤 것을 시도하기로 했습니까?"
- "어떤 어려움이 예상되고 누구에게 도움을 요청하겠습니까?"
- "하기로 한 것을 스스로 어떻게 관리하겠습니까?"
- "원하는 결과/상태가 되었을 때 어떻게 축하받고 싶습니까?"

(3) 안전하고 지지적인 환경을 유지·관리하기

팀 코치는 팀이 솔직하게 말할 수 있는 안전한 환경을 의식적으로 관리한다. 동료 팀원이 겪는 고충, 말하지 못하는 업무적인 고민 등에 대해서 솔직하게 표현할 수 있는 환경을 조성하고 유지한다. 즉, 팀원이 표현함으로써 누군가가 평가, 판단할 것에 대한 두려움을 없애주는 것이다. 팀 코치는 다양한 개개인의 관점에 개방적이고 유연하게 반응하는 모습을 보여줌으로써 팀 코칭에 참여하는 팀원들이 자유롭고 솔직하게 표현할 수 있도록 코칭 마인드셋을 유지, 관리하도록 한다.

팀 코치가 모습을 통해 보여 주는 것들을 팀 역시 할 수 있도록 한다. 서로에 대해서 더 잘 알고, 업무 등에 있어 서로의 능력을 발견해 주고 개선/보완 사항을 이야기할 수 있다. 그리고 서로 다른 견해, 관점을 표현할 수 있도록 적극 장려하고 허용해야 한다. 서로가 조언 및 피드백을 주거나 혹은 반대되는 의견에 대해서도 상호 존중하면서 팀 내 협업이 더 원활해질 수 있기 때문이다. 다음과 같이 세션을 시작하기 전에 규칙을 서로 합의하여 정하게 한다.

참여 규칙

팀원 개개인이 자신의 생각이나 아이디어, 의견을 자유롭게 말하기, 표현한 것에 대해 판단, 평가, 비난, 충고, 조언 하려들지 않기 등과 같은 규칙을 정한다.

팀 코치는 팀원들이 안심하고 솔직하게 표현할 수 있도록 지원하기 위해 다음과 같이 표현할 수 있다.

- "더 구체적인 예를 들어 설명해 주시면 제가 이해하는 데에 도움이 될 것 같습니다."
- "말씀하신 _____은 _____것으로 이해했는데, 제가 잘 이해했는지 말씀해 주시겠어요?"
- "그렇게 말씀하시니 _____한 점은 이해되었습니다. 저는 _____점에서 조금 다른 의견이 있습니다. 얘기해도 되겠습니까?"
- "_____입장/관점으로 볼 때 _____게도 볼 수 있습니다. 또다른 의견은 어떤 것이 있을까요?"
- "저는 _____것이 어렵습니다. 노력하지만 잘 안 됩니다. 그래서 _____한 점을 지원을 받고 싶습니다."
- "평소 _____것을 잘 하시던데 _____(능력, 방식, 강점)을 더 많이 활용하신다면 _____ 결과를 얻는 데에 매우 유용할 것으로 보입니다."
- "_____점은 제가 도울 수 있습니다. 필요할 때 말씀해 주세요."

이 같은 표현은 평소 익숙하지 않을 수도 있다. 팀 코치는 위의 표현을 활용하여 팀원들로 하여금 안심하고 자유롭게 솔직하게 표현할 수 있도록 촉진한다.

(4) 서로의 변화, 성장을 축하하기

팀 코치는 팀원들이 팀 코칭의 과정 동안 변화·성장한 모습을 발견할 수 있다. 팀원들이 서로 축하 및 개선/보안 피드백을 자유롭게 표현할 수 있도록 한다. 축하는 상대가 원하는 방식으로, 듣기를 바라는 표현을 사용하면 좋다. 다음과 같이 팀원들과 의견을 나누고 성찰하게 한다.

- "참여하면서 좋았던 부분은 무엇입니까?"
- "아쉬웠던 부분은 무엇입니까?"
- "세션에 참여하기 전과 비교해서 달라진 부분은 무엇입니까?"
- "이후 어떤 점을 실천해 보겠습니까?"
- "서로를 축하하고 인정해 준다면 어떤 말로 하겠습니까?"

팀 코칭은 팀에 의해 종료되도록 팀 코치가 다음과 같이 질문한다.

- "팀 코칭을 종료하기 전에 하고 싶은 말이 있다면 무엇입니까?"
- "이제 팀 코칭을 종료하면 될까요?"

이와 같이 팀원들이 발표하도록 질문, 요청하는 방법 이외에 팀 코치, 팀장이 팀원들의 성장과 변화한 모습에 관하여 관찰한 것을 축하하고, 기여한 것에 대해 인정할 수 있다.

- "(팀원 개개인이 발표) 홍○○ 님의 경우 처음과 달리 _____ 한 모습을 더 많이 보여주었습니다. _____ 모습이 팀의

_____에 기여해 주셨습니다.”

• “(다른 팀원들이) 홍○○ 님의 모습에서 _____을 배울 수 있었
  습니다. 나의 경우 _____한 점이 있었는데 극복하는 데에
  도움이 되었습니다. 감사합니다.”

이처럼 팀 코치는 팀 코칭 과정 동안에 팀이 이룬 것, 전환되고
변화한 것, 그리고 하기로 한 것을 팀원 개개인이 직접 표현하게 한
다. 팀원 한 사람씩 직접 표현하도록 하면 자신의 배움과 성장, 변
화를 스스로 인식하고 실천 약속한 것을 자율에 의해 실행할 가능
성이 높아지기 때문이다. 팀 코치는 팀원들이 느낀 서로에 대한 배
움과 신뢰를 축하와 인정의 말을 통해 직접적으로 표현할 수 있도
록 시간을 갖게 한다. 끝으로 팀 코치는 팀과 함께 하면서 팀으로부
터 배운 것을 공유하며 마무리한다.

3) 3단계: 마무리와 팔로우업

팀 코칭은 최소 3~6개월 동안 진행된다. 이 기간 동안 팀과 팀구
성원들 개개인은 세션마다 학습하고 그에 따른 성장을 하게 되며,
상호 협력적으로 참여하면서 '팀' 정체성을 새롭게 인식하게 된다.
팀장은 팀원들을 바라보는 관점과 대하는 태도가 달라지며 팀 코
칭의 과정에서 팀 코치의 모습을 관찰하면서 팀장의 역할, 수행방
식을 성찰하게 된다.

(1) 팔로우업 세션 진행하기

최종 세션을 진행한 4주 후에 팔로우업 세션을 가진다. 최종 세션에서 얻은 팀과 팀원 개개인의 실천과제를 점검, 성찰하고 전체 팀 코칭 과정을 돌아본다. 팔로우업 세션의 하이라이트는 팀장의 팀 코칭 리허설이다. 팀 리더가 팀 코치가 되어서 팀 코칭을 직접 시연하며, 팀 코치가 없는 상황에서도 팀 코칭을 진행할 수 있도록 실행하고 슈퍼비전을 받는다.

팀 코칭 프로젝트를 마무리하기 위한 팔로우업 세션은 다음과 같이 진행한다. 이 또한 앞서 제시한 T.R.U.S.T 프로세스를 포함하여 진행한다.

라포 형성의 단계(아이스브레이킹)로 신뢰와 친밀감을 형성한다

T. 팔로우업 세션의 목적, 목표를 공유한다.

R. 지난 5~6개월의 ALIGN 팀 코칭 과정을 돌아보며, 도출했던 결과에 대해 확인(Revist)한다.

U. 팀 혹은 각자의 실천 과제였던 것을 나누고 성찰하며, 서로 피드백과 토의를 통해 팀이 현안에 집중하고자 부분을 2~3가지 정도 정해 본다.

S. 팀 코치와 함께 운영되었던 팀 코칭을 팀 리더인 팀장이 팀 코치가 되어서 진행해 본다. 특히, 이 단계에서는 팀 코칭 전문 코치가 팀 리더와 팀을 관찰한 후, 수퍼비전이 이뤄질 수 있어 팀 리더가 팀 코치로 성장하는 데 직접적인 도움을 줄 수 있다.

T. 모든 팀원이 전체 과정 리뷰를 통해서 소감과 칭찬, 응원, 격려, 지지 그리고 보완/개선점을 나누고, 팀과 팀 리더가 효율적이고 효과적인 팀 코칭을 함께 이뤄나갈 것을 기대하고 다짐한다.
※ 세션 후 팀 리더에게 개별적으로 수퍼비전을 진행할 수 있다.

(2) 팀의 성장을 돕는 내부 학습 시스템 구축하기

팀 코칭은 팀 내 학습 시스템을 구축하고 나선형 성장을 돕는다. 동시에 리더와 개인의 성장과 성과를 돕는다. 리더는 팀 코칭 과정에서 상대 중심의 경청과 공감 그리고 지시를 질문으로 바꾸는 역량을 경험하고 배운다. 구성원을 온전한 존재로 대하는 것의 중요성과 그 효과를 깨닫게 된다. 상대의 감정과 느낌, 숨은 노력과 의도를 발견하고, 표현하게 하는 소통 기술과 사회관계적 민감성을 기를 수 있기 때문이다. 자신의 불편한 감정을 불편하지 않고 건강하게 표현하는 스킬을 배운다. 화난 행동 대신 자기 감정을 건강한 방법으로 표현하는 방법, 목표를 향한 팀의 실행을 적극적으로 지지하고 진척 내용을 좀 더 객관적인 시각에서 평가하고 피드백할 수 있는 방법도 배우게 된다.

팀 코칭에서 팀은 상호 존중하고 인정하며 협력적으로 대화하고 의사결정하는 경험을 축적하게 된다. 팀 코치는 목적에 따라 퍼실리테이션, 멘토링을 섞어 가며 팀에게 필요한 경험을 제공한다. 팀장은 팀 코칭 세션에서 배운 스킬과 접근법을 현업에서 적용할 수 있다. 가령, 중요한 회의에서 팀 코칭에서 배웠던 방식을 적용하여 다양한 아이디어를 모으거나 회의에서 결정한 것에 대해 구성원 스스로 계획하고 실행할 수 있도록 촉진하는 모습에서 알 수 있다. 이를 통해 팀은 팀 코칭의 과정 동안 배운 것을 적용하여 팀 스스로 성과와 성장을 이끌어 내는 시스템과 내부 역량을 기르게 된다. 팀 코칭 관계가 종료된 이후에도, 외부 팀 코치가 존재하지 않아도 성장을 이어갈 수 있다. 팀 코칭을 통해 팀장은 팀 코치의 역할을 수행할 수 있으며, 팀원들로 하여금 팀 코치의 역할을 맡길 수도 있다. 코치가 빠져도 팀 스스로 창의적이고 혁신적인 변화를 추진할 수 있게 된다. 팀원 모두가 팀 코치가 될 수도 있으며, 팀은 상호 수평적인 관계로 서로를 존중, 인정하면서 함께 학습하고 성장하는 내부 성장 시스템을 갖춘 상태라고 말할 수 있다. 이는 우리가 팀 코칭을 통해 이루고자 하는 팀 코칭의 궁극의 목적이다.

다음은 실제 진행한 팀장의 리허설 사례이다. 실제 팀장이 팀 코치가 되고, 자신의 팀을 대상으로 '팀 코칭 리허설'을 실행할 수 있게 지원하였다. 이 사례처럼 진행하고 싶다면, 팀 코칭의 세션을 모두 종료한 뒤 마지막 세션 혹은 팔로우업 세션에서 진행하기로 사전에 약속하면 된다. 팀장의 팀 코칭 리허설이 진행될 때 팀 코치는 팀장을 지원한다. 팀장이 놓치는 것을 보완하기도 하고 팀 코칭을 더 잘 수행할 수 있도록 슈퍼비전하며 팀장의 협력자가 되어 참여한다.

사례: 팀장의 팀 코칭 리허설

팀 코칭 초기 계획에 팀장의 팀 코칭 리허설에 대한 계획을 포함했을 경우에 진행한다. 전체 팀 코칭 과정을 기억해 보고, 팀 리더가 팀 코치가 되어서 팀과 함께 팀 코칭을 직접 시연한다. 다음과 같이 팀장으로 하여금 진행할 수 있으며 팀 코치가 필요할 때에 지원할 수 있다.

1. 앞으로 우리 팀에서 집중해야 할 부분 정하기

　1) 각자 팀의 발전과 성장을 위해 집중해야 할 부분 3가지를 적는다.

　2) 돌아가면서 내용을 공유한다.

　3) 모두 의견을 모아 우선순위를 정한다.

우선순위가 정해진 이후 ALIGN 팀 코칭 모델로 먼저 정리해 본다.

2. 우리 팀이 해결할 첫 번째 과제 정하기

　1) 가장 중요한 과제를 어떻게 진행할지 리더가 중심이 되어 계획을 세운다.

　2) PURPOSE, STRUCTURE, PEOPLE, PROCESS, ENERGY의 기준으로 논의한다.

　　PURPOSE: 과제의 목적은 무엇인가?

　　STRUCTURE: 어떤 역할이 필요한가?

　　PEOPLE: 누가 적임자인가?

　　PROCESS: 업무흐름을 최적화하기 위해 필요한 것은 무엇인가?

　　ENERGY: 필요 자원은 무엇인가?

3. 전체 프로젝트 리뷰

　1) 전체 프로젝트 과정 중 어떤 실천이 기억에 남는가?

　2) 프로젝트를 참여하면서 좋았던 부분은 무엇인가?

　3) 아쉬웠던 부분은 무엇인가?

4) 프로젝트 전과 비교해서 달라진 부분은 무엇인가?

5) 이후 어떤 점을 실천해 보겠는가?

이 과정을 전문 팀 코치가 바라보고 슈퍼비전할 수 있다.

이상으로 팀 코칭 설계, 팀 코칭 세션 진행, 마무리와 팔로우업 단계로 팀 코칭 수행 과정과 접근방법을 살펴보았다. 이는 팀 코치로서 팀 코칭을 준비하는 데에 용이하며, 안정적이고 효율적으로 팀 코칭 세션을 운영할 수 있도록 해 줄 것이다.

한편 팀 코칭의 중요한 목적인 팀과 팀원들의 성과와 성장에 영향을 미치기 위해서는 다른 뭔가가 더 필요하다. 팀을 위하고 팀의 개발을 성공적으로 지원하기 위해서는 팀 코치의 마인드와 역량을 갖추어야 한다.

특정 분야의 전문가 그룹의 경우, 그들에게 공유된 행동과 요구되는 핵심 역량이 있다. 코칭의 경우에도 개인 코칭이든 팀 코칭이든 숙달해야 할 핵심 역량이 있다. 고객과 어떻게 상호작용하고 소통하는지 팀 코치가 세션에서 보여 주고 유지해야 할 모습은 어떤 것인지를 이해하고 숙달해야 하는 능력이다.

그러면 팀 코치가 팀 코칭을 성공적으로 수행하기 위해 갖추어야 할 팀 코칭의 역량은 어떤 것인가? 본 고에서는 ICF 핵심 역량을 중심으로 팀 코칭 역량의 이해를 도우려 한다. 다른 팀 개발 전문성과의 차이점을 이해하고 팀 코칭을 전문적으로 수행하는 데에 참고가 되길 바란다.

2. 팀 코칭 역량 개발

　2021년 국제코칭연맹(ICF)은 팀 코칭 역량을 전 세계 코치들에게 발표하였다. 지난 50년 전부터 국제코칭연맹(ICF)은 전 세계 코치들에게 코칭을 전문적으로 수행하기 위한 코칭 역량을 제시해 왔다. 다시 말해 ICF가 발표한 팀 코칭 역량은 코칭 역량에 팀을 대상으로 코칭할 때 요구되는 역량을 추가한 것이다.

　ICF 팀 코칭 역량은 4영역 8가지 역량으로 나뉜다. 팀 코칭의 기초 세우기, 관계의 공동 구축, 효과적으로 의사소통하기 그리고 학습과 성장 북돋우기 등이다.

　팀 코칭 역량은 팀 코치가 숙달하고 발휘해야 할 능력이다. 또한 팀 코치가 팀 코칭의 설계 및 진행, 마무리 단계 등 전체 과정에서 이해관계자와 팀, 팀원들과의 상호작용하는 모습, 팀 코칭 전문가로서 의식적으로 유지하는 모습이자 관계에서 존재하는 방식이기도 하다. 다양한 팀 코칭 상황에서 팀 코칭 역량을 갖추는 것은 팀 코칭을 성공적으로 수행하는 데에 필요한 자질이다. 이 장에서는 다음의 내용에 대해 살펴보려 한다.

- ICF의 8가지 핵심 역량과 팀 코칭 역량의 수행 방식
- 팀 코칭의 수행 역량을 개발하기 위한 구체적인 실천

Being | **A**

기초 세우기 Foundation
1. 윤리적 실천을 보여 준다. (Demonstrates Ethical Practice)
2. 코칭 마인드셋을 구현한다. (Embodies a Coaching Mindset)

Doing | **B**

관계의 공동구축 Co-Creating the Relationship
3. 합의를 도출하고 유지한다. (Establishes and Maintains Agreements)
4. 신뢰와 안전감을 조성한다. (Cultivates Trust and Safety)
5. 프레즌스를 유지한다. (Maintains Presence)

C

효과적으로 의사소통하기 Communicating Effectively
6. 적극적으로 경청한다. (Listens Actively)
7. 알아차림을 불러일으킨다. (Evokes Awareness)

D

학습과 성장 북돋우기 Cultivating Learning and Growth
8. 고객의 성장을 촉진한다. (Facilitates Client Growth)

[그림 4-1] ICF 핵심 역량

1) 기초 세우기

(1) 역량 1. 윤리적 실천을 보여 준다

팀 코치는 코칭윤리와 코칭표준을 이해하고 지속적으로 적용한다. 코치로서 이 역량을 수행하는 기본 방식은 다음과 같다.

일대일 코칭에서

1. 고객, 스폰서 및 이해관계자와의 상호작용에서 코치의 진실성과 정직성을 보여 준다.
2. 고객의 정체성, 환경, 경험, 가치 및 신념에 민감성을 가지고 대한다.
3. 고객, 스폰서 및 이해관계자에게 적절하고, 존중하는 언어를 사용한다.
4. ICF 윤리 강령을 준수하고 핵심 가치를 지지한다.
5. 이해 관계자 합의 및 관련 법률에 따라 고객 정보에 대해 비밀을 유지한다.
6. 코칭, 컨설팅, 심리치료 및 다른 지원 전문직과의 차별성을 유지한다.
7. 필요한 경우, 고객을 다른 지원 전문가에게 추천한다.

팀 코칭에서

팀 코칭의 경우 팀 코치는 기본적인 수행 방식에 다음의 모습을 더하여 수행한다.

- 고객인 팀을 단일 개체로 코칭한다.
- 팀 코칭, 팀 빌딩, 팀 교육, 팀 컨설팅, 팀 멘토링, 팀 촉진 및 기타 팀 개발 방식 간의 구분을 유지한다.
- 제공되는 팀 개발 양식의 특정 조합을 실행하는 데 필요한 지식과 기술을 보여 준다.
- 팀이 목표를 달성하는 데 도움이 필요할 때만 더 지시적인 팀 개발 방식을 채택한다.
- 팀 코칭과 관련된 여러 역할을 수행할 때 신뢰, 투명성 및 명확성을 유지한다.

역량 개발하기

일대일 코칭에서 고객은 개인을 말하고 팀 코칭에서 고객은 하나의 팀을 말한다. 팀은 개개인의 팀 구성원으로 구성되며, 구성원들은 팀에서 각자 팀에 필요한 역할을 맡고 있으므로 그들의 의견은 존중되어야 한다. 따라서 팀 코치는 팀 구성원과 스폰서 및 이해관계자와의 모든 상호작용에서 중립성을 유지하고, 세션에서 일어나는 일들에 열린 태도로 팀과 함께 하며, 모든 과정에서 솔직하고 진실된 모습을 유지하도록 한다.

① 고객, 스폰서 및 이해관계자를 존중하는 언어를 사용한다
- 팀과 이해관계자의 관점을 경청하여 이해하고 존중한다.
- 구성원 개개인의 경험, 가치, 욕구, 신념, 고유성을 인정한다.
- 독특한 문화를 존중하고 조직의 시스템 맥락을 이해한다.

② 공평하게 대한다

- 구성원들이 자기 표현의 기회를 공평하게 가지도록 보장한다.
- 팀 역학 및 충성심이 나타나는 양상을 주의를 기울여 관찰한다.
- 직위나 경력, 경험 및 권위로 무심결에 하위그룹의 표현을 가로채지 않게 한다.
- 하위 그룹의 편을 드는 것으로 인식되지 않게 자신을 관리한다.

③ 기밀을 유지한다

- 팀 코치는 구성원으로부터 개인적인 얘기를 듣게 된다. 이것을 전체 그룹 앞에서 말하는 것은 적절하지 않다. 팀 코칭 중에 얻은 조직과 고객에 관한 정보를 외부에 유출, 공유하지 않아야 한다. 만약 외부에 공유 할 경우에는 반드시 고객의 허락을 얻은 다음 하도록 한다.

(2) 역량 2. 코칭 마인드셋을 구현한다

팀 코치는 개방적이고 호기심이 많으며, 유연하게 고객 중심적인 마인드셋을 개발하고 유지하는 모습을 보여 주어야 한다. 코치로서 이 역량을 수행하는 기본 방식은 다음과 같다.

일대일 코칭에서

1. 코치는 선택에 대한 책임이 고객 자신에게 있음을 인정한다.

2. 코치로서 지속적인 학습 및 개발에 참여한다.

3. 코치는 코칭 능력을 향상시키기 위해 성찰 훈련을 지속한다.

4. 코치는 자기 자신과 다른 사람들이 상황과 문화에 의해 영향을 받을 수 있음을 인지하고 개방적 태도를 취한다.

5. 고객의 유익을 위해 자신의 인식과 직관을 활용한다.

6. 감정 조절 능력을 개발하고 유지한다.

7. 정신적, 정서적으로 매 세션을 준비한다.

8. 필요하면 외부 자원으로부터 도움을 구한다.

팀 코칭에서

팀 코칭의 경우 팀 코치는 기본적인 수행 방식에 다음의 모습을 더하여 수행한다.

• 필요할 때 지원, 개발 및 책무를 위한 코칭 슈퍼비전에 참여한다.

• 객관성을 유지하고 팀 역학 및 패턴을 인식한다.

역량 개발하기

코칭 마인드셋을 구현한다는 것은 팀 코치가 팀 코칭의 관계를 잘 조성하고 팀 코칭이 종료되기까지 유지하는 것을 의미한다. 팀에게 열린, 솔직한 태도로 그들의 경험, 판정, 강점을 존중하는 모습을 보이고 유지하는 것이다. 팀을 가르치거나 판단하지 않는다.

평가, 선택과 결정을 팀이 주도하도록 한다. 팀의 지성, 행동을 깨우기 위해 팀과 팀원들 개개인에 대한 이해와 존중 및 팀 코칭이 진행되도록 중심을 가지고 팀 코칭에 효과적인 커뮤니케이션을 하는 모습을 통해 알 수 있다. 특히 팀의 정체성, 욕구, 가치 등 팀의 시스템 맥락에서 팀을 이해할 수 있어야 하며 팀원들 간의 역동과 역학을 관찰하고 의식적으로 반응, 대응하는 모습으로 팀 코칭 세션에 존재한다. 다시 말해, 팀과 함께 하는 과정에서 팀 코치의 존재 방식이라고 말할 수 있다. 이 역량을 개발하기 위해 다음과 같이 할 수 있다.

① 개방적인 태도를 보여 준다
- 코치 자신과 팀이 상황과 문화에 의해 영향 받는다는 것을 인식하고 열린 태도를 보인다.
- 고객의 유익을 위해 자신의 인식과 직관을 활용한다.
- 감정 조절 능력을 개발하고 유지한다.

② 객관성을 유지하고 팀 역학 및 패턴을 인식한다
- 팀은 독특한 개성, 지식, 스킬 및 동기를 가진 개인으로 구성된다. 함께 일하는 이들 개인의 조합은 권력, 통제, 전문성 및 서로 다른 목표의 많은 역동성을 가져올 것이다. 팀 코치는 이러한 역학 관계가 팀 상호 작용, 팀 의제, 내부 갈등, 신념, 동맹에서 어떻게 작용할 수 있는지 의식하며, 중립적 관점을 유지하도록 한다.

③ 지속적으로 학습한다

- 개방적이고 호기심을 가지고 유연하게 고객의 선택, 결정을 지원, 인정할 것을 다짐한다.
- 세션이 끝날 때마다 스스로 성찰한다.
- 외부 자원으로 멘토코칭, 슈퍼비전을 통해 도움을 받는다.

팀 코칭 수행 능력은 팀 코칭 상황 안에서 개발된다. 오롯이 실제 현장에서 팀 코칭에 참여하여야 팀 코칭 수행 능력을 기를 수 있다. 따라서 팀 코치는 현장에서 팀 코칭을 의식적으로 유지, 관리하면서 수행해야 할 것이다.

2) 관계의 공동 구축

(1) 역량 3. 합의를 도출하고 유지한다

팀 코치는 고객 및 이해관계자와 협력하여 코칭 관계, 프로세스, 계획 및 목표에 대한 명확한 합의를 한다. 개별 코칭 세션은 물론 전체 코칭 과정에 대한 합의를 도출할 수 있어야 한다. 코치로서 이 역량을 수행하는 기본 방식은 다음과 같다.

일대일 코칭에서

1. 코칭이 무엇인지, 무엇이 아닌지 설명하고 고객과 관련 이해 관계자에게 프로세스를 설명한다.
2. 관계에서 무엇이 적절하고 적절하지 않은지, 무엇이 제공되고 제공되지 않는지, 고객 및 이해 관계자의 책임에 관하여 합의한다.
3. 코칭 진행방법(logistics), 비용, 일정, 기간, 종결, 비밀 보장, 다른 사람의 포함 등과 같은 코칭 관계의 지침 및 특이사항에 대해 합의한다.
4. 고객 및 이해관계자와 함께 전체 코칭 계획 및 목표를 설정한다.
5. 고객과 코치 간에 서로 맞는지(client-coach compatibility)를 결정하기 위해 파트너십을 갖는다.
6. 고객과 함께 코칭 세션에서 달성하고자 하는 것을 찾거나 재확인한다
7. 고객과 함께 세션에서 달성하고자 하는 것을 얻기 위해 고객 스스로가 다뤄야 하거나 해결해야 한다고 생각하는 것을 분명히 한다.
8. 고객과 함께 코칭 과정 또는 개별 세션에서 고객이 달성하고자 하는 목표에 대한 성공 척도를 정의하거나 재확인한다.
9. 고객과 함께 세션의 시간을 관리하고 초점을 유지한다.

10. 고객이 달리 표현하지 않는 한 고객이 원하는 성과를 달성하기 위한 방향으로 코칭을 계속한다.
11. 고객과 함께 코칭 경험을 존중하며 코칭 관계를 종료한다.

팀 코칭에서

팀 코칭의 경우 팀 코치는 기본적인 수행방식에 다음의 모습을 더하여 수행한다.

- 다른 팀 개발 방식과 어떻게 다른 지를 포함하여 팀 코칭이 무엇이고 무엇이 아닌지 설명한다.
- 코칭 관계, 프로세스, 계획, 개발 방식 및 목표에 대한 명확한 합의를 공동으로 생성하기 위해 팀 리더, 팀 구성원, 이해 관계자 및 모든 공동 코치를 포함한 모든 관련 당사자와 파트너 관계를 맺는다.
- 코칭 프로세스의 소유권을 코치, 리더 및 팀 간에 공유하는 방법을 결정하기 위해 팀 리더와 파트너가 된다.

역량 개발하기

- 팀 코칭인 것과 아닌 것을 설명할 수 있다(46쪽 참고).
- 전체 목표 합의한다(제4장 146쪽 참고).

팀 코치는 조직 이해관계자나 팀장 및 팀원들의 니즈를 이해할 필요가 있다. 고객 및 이해 관계자와 함께 전체 코칭 계획 및 목표를 합의하기 위해서다. 이를 위해 팀 코치는 CEO, HR팀장, 팀장 등 이해관계자와의 면담을 통해 팀과 팀의 시스템 맥락을 이해하고 팀 코칭의 목적, 목표 합의에 반영하도록 한다. 다음의 질문을 통해 팀의 니즈를 탐색할 수 있다.

이해관계자의 니즈

"조직은 어떤 변화를 하고 있습니까?"

"팀의 중요한 목표, 도전은 어떤 것이 있습니까?"

"팀이 어떻게 발전하기를 바랍니까?"

팀장의 니즈

"팀장은 무엇을 기대합니까?"

"팀원들은 팀 코칭에 참여하는 데에 동의합니까?"

"팀장으로서 어떤 어려움이 있습니까?"

"팀 코칭이 성공했다는 것을 어떻게 확인할 수 있습니까?"

팀원들의 니즈

"팀에서 어떤 역할을 하고 싶습니까?"

"역할, 업무 수행 시 어떤 도움을 얻고 싶습니까?"

"코칭이 끝날 때 기대하는 모습은 어떠합니까?"

이 외에도 면담을 통해 겉으로 드러나지 않은 잠재된 문제, 불만, 요구에 관한 정보를 얻고 분석하여 팀 코칭에 반영할 수 있다.

팀 코칭 세션의 목표를 재확인하고 점검한다

전체 팀 코칭의 목적과 목표 합의 이후 팀 코칭 세션의 주제와 목표를 정하게 된다. 팀 코칭은 이에 따라 진행하며, 전체 과정에서 팀의 상황에 의해 접근방식이 달라져야 할 필요가 있는지를 점검한다. 이것은 세션 중에도 동일하게 적용된다.

중간 점검 질문 예시

"처음 우리는 _____되기를 바라고 시작했습니다. 현재 어떤 것이 되고 있습니까?"
"우리가 진행해 오면서 더 중요하거나 필요한 것은 무엇입니까?"
"더 만족스런 팀 코칭을 위해 어디에 초점을 맞추겠습니까?"

중간 점검 질문은 팀에게 전환을 가져온다. 먼저, 팀 코칭이 팀과 팀 코치의 협력의 과정으로 인식된다. 이 질문은 '현재'의 모습을 팀과 팀 구성원들이 자신의 모습을 바라보게 하고, 말하지 않았던 것, 미처 알지 못한 것에 대해 솔직하게 표현하게 한다. 각 팀원들이 자신의 생각과 느낌을 표현하게 하며, 표현된 것 가운데 팀에게 중요한 것이 드러날 수 있다.

팀이 원할 경우 팀 코치는 계획된 팀 코칭 세션에 반영하며, 다르게 하지 않아도 된다면 계획된 대로 진행한다. 이 과정에서 팀은 팀 코치가 팀 코칭을 주도하는 것이 아니라 팀과 팀 코치가 협력하여 만들어 가는 과정이라는 것을 이해하게 된다.

또 팀 코치가 팀과 팀원 간 상호작용하는 모습에서 긍정적 변화와 성과, 성장을 관찰하고 공유함으로써 팀원들은 서로에 대해 관심을 가지게 된다. 다음은 팀 코치가 팀, 팀원들에게 나타난 변화를 관찰하는 모습의 예이다.

- 적게 표현하던 것에서 더 많이 참여하는 모습으로
- 침묵의 상태에서 표현을 더 하는 모습으로
- 일방적으로 듣기보다 솔직하게 자기 의견을 표현하는 모습으로
- 감정적으로 반응하던 모습에서 공감, 경청하는 모습으로

자기 자신과 팀원들에게 관심을 가지고는 있지만 관찰하지 않으면 알 수 없는 변화나 전환된 것들이다. 팀원들은 처음엔 '마지못해 참석해야 하는 일'처럼 인식하다가 '자신과 팀원들에 대해 이해하고 성장을 말하고 인정받는 공간'으로 인식하기 시작한다. 처음 팀 코칭을 시작했을 때는 부담을 느꼈다고 하면 점차 세션에 참여하는 것이 팀원 개개인의 배움과 성장에 도움된다는 것을 깨닫는 것이다. 점차 팀원들은 팀 코칭에 대한 참여수준이 높아지는데, 팀원들의 출석률과 참여하는 모습의 변화를 통해 확인할 수 있다.

이와 같이 중간 점검은 팀 코칭의 전체 목표와 세션 목표를 재확인하고 그 이상으로 팀과 팀원들이 팀 코칭의 목표에 적극적으로 참여하게 되는 전환점이 된다는 점에서 중요하다고 말할 수 있다.

(2) 역량 4. 신뢰와 안전감을 조성한다

팀 코치는 고객과 협력하여 고객이 자유롭게 공유할 수 있는 안전하고 지원적인 환경을 구축한다. 상호 존중과 신뢰의 관계를 유지하는 모습을 보여줄 수 있어야 한다. 코치로서 이 역량을 수행하는 기본 방식은 다음과 같다.

일대일 코칭에서

1. 고객의 정체성, 환경, 경험, 가치 및 신념 등의 맥락 안에서 고객을 이해하려고 노력한다.
2. 고객의 정체성, 인식, 스타일 및 언어를 존중하고 고객에 맞추어 코칭한다.
3. 코칭과정에서 고객의 고유한 재능, 통찰 및 노력을 인정하고 존중한다.
4. 고객에 대한 지원, 공감 및 관심을 보여 준다.
5. 고객의 감정, 인식, 우려, 신념 및 제안의 표현을 인정하고 지원한다.
6. 취약성을 드러내 보이고 고객과의 신뢰를 구축하기 위한 방법으로 개방성과 투명성을 보여 준다.

팀 코칭에서

팀 코칭의 경우 팀 코치는 기본적인 수행방식에 다음의 모습을 더하여 수행한다.

• 개방적이고 솔직한 팀원 상호작용을 위한 안전한 공간을 만들고 유지한다.
• 팀을 공통된 정체성을 지닌 하나의 개체로 볼 수 있도록 독려한다.

- 개별 팀 구성원 및 집단 팀의 감정, 인식, 우려, 신념, 희망 및 제안의 표현을 촉진한다.
- 모든 팀 구성원의 참여와 기여를 장려한다.
- 팀과 협력하여 팀 규칙 및 규범을 개발, 유지 및 반영한다.
- 팀 내 효과적인 의사소통을 촉진한다.
- 내부 갈등을 식별하고 해결하기 위해 팀과 협력한다.

역량 개발하기

팀 코치는 고객과 함께, 고객이 자유롭게 나눌 수 있는 안전하고 지지적인 환경을 만들고, 상호 존중과 신뢰 관계를 구축하고 유지하기 위해 팀과 팀원들에 대해 팀의 시스템 맥락에서 이해하고 존중하는 모습을 유지하여야 한다.

팀 코칭에서 안전한 공간을 만들고 유지하는 것이 중요하다. 각 팀원이 자유롭게, 의미 있게 참여할 수 있도록, 팀 코치는 팀원들이 서로 다른 의견을 자유롭게 말하고 민감한 주제라도 표현할 수 있는 개방적이고 솔직하게 상호작용할 수 있는 안전한 공간을 만들도록 한다.

구체적으로는 다음과 같이 할 수 있다. 이 역량을 개발하기 위해 다음과 같이 할 수 있다.

팀원 개개인의 능력을 발견하고 인정, 지지한다.

팀원 개개인의 독특함을 존중하는 태도가 필요하다. 브로신에 의하면 역량을 역량(competencies), 수행 능력(capability), 능력

(capacity) 등으로 나눌 수 있다고 한다. 역량이란 기술을 활용하거나 도구를 사용하는 능력을 말하고, 수행 능력은 적절한 때에 적절한 곳에서 적절한 방식으로 도구나 기술을 사용할 수 있는 능력을 의미한다. 그리고 능력은 기술보다는 유연성, 따뜻함, 참여, 상상력 등의 인간의 특성에 해당하며 이는 무엇을 하는가가 아니라 어떻게 존재하는가와 더 관련이 있다고 한다(Hawkins, P. & Smith, N., 2018).

팀원 개인의 고유성 인정·존중 예시

- 팀원들을 관찰하면서 팀원 개개인의 능력(capacity)을 주의를 기울여 관찰한다.
- 이에 해당하는 것을 발견하게 될 경우 개별적, 전체적으로 공유하여 알게 한다.

서로 다른 학습 스타일을 존중한다

학습의 시작점이 다르다는 것을 이해하고 존중한다. 어떤 사람은 실질적인 행동을 한 다음 생각하는 것이 자연스럽고, 어떤 사람은 사고한 다음 계획하고 그리고 나서 표현, 행동하는 것이 자연스럽다. 또 어떤 사람은 표현함으로써 생각을 정리하고 계획, 행동을 하는 것을 선호할 수도 있다(Hawkins, P. & Smith, N., 2018).

다양한 학습 속도를 관리한다

일부 팀원들은 앞으로 나아갈 길에 대해 결론을 내리려고 하지

만, 다른 팀원들은 여전히 그것
을 끝까지 생각하는 초기 단계
에 머물러 있을 수 있다. 팀 코치
는 이러한 속도의 차이가 갈등의
원인이 되는 것을 방지하는 프로
세스를 가지고 있어야 하며, 이

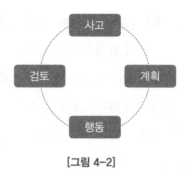

[그림 4-2]

를 건설적으로 사용하여 팀이 더 나은 결정을 할 수 있도록 한다
(Clutterbuck, 2013).

솔직한 표현을 독려한다

솔직함은 용기가 필요하다. 안전하다고 느낄 때 솔직하게 표현
할 수 있다. 팀원들이 모두 솔직하게 개별 팀 구성원의 및 집단 팀
의 감정, 인식, 우려, 신념, 희망 및 제안의 표현을 촉진한다. 팀 코
치는 팀원들이 팀 회의에서 개별 감정, 인식, 우려, 신념, 희망 및
제안을 공유하기 위해 자유롭게 말할 수 있도록 격려해야 할 수도
있다. 코치가 팀의 집단적 감정, 인식, 우려, 신념 및 희망을 이해하
고 명확히 하는 것도 중요하다.

주의할 점

다음과 같은 것은 하지 않도록 주의한다.

평가, 지적하지 않는다.

말을 가로채지 않는다.

'맞다, 아니다'와 같은 단정적 표현을 사용하지 않는다.

팀의 시스템 맥락을 이해 · 존중한다

팀과의 관계는 독립적으로만 존재하지 않는다. 언제나 더 넓은 시스템적인 상황 속에 존재하며 팀은 팀원 개인과 개인, 개인과 팀 및 팀을 넘어선 조직, 조직이 존재하는 사회적, 문화적, 정치적 상황과 상호작용한다. 따라서 팀과 함께 할 때에는 팀이 속한 더 넓은 시스템적 상황 맥락을 고려하여 팀에게 관심을 기울이고 현재 모습을 존중하면서 함께 하여야 한다.

"최근에 회사에 일어나고 있는 일은 무엇입니까?"

"최근 회사의 규모에 어떤 변화가 있습니까?"

"향후 회사가 계획하고 있는 사업/환경적 변화는 어떤 것이 있습니까?"

"현재 하는 업무, 역할을 수행하는 데에 어떤 영향을 미치고 있습니까?"

"팀과 팀원들의 정서에 어떤 영향을 미치고 있습니까?"

구체적으로는 팀이 일하는 물리적 공간, 소통하는 방식, 조직의 가치나 비전, 그들의 고객, 시장에서의 우려, 도전사항, 비즈니스 압박, 현재의 성과나 장래 성장 전망, 투자 능력 그리고 팀의 비즈니스 변화상황 및 사회, 문화적, 정치적 환경적 이슈 등에 대해서 의식하고 고려하는 것이다. 팀이 처한 상황에 대해 공감, 이해하도록 한다(Hawkins & Smith, 2018).

서로 다른 표현 방식, 참여방식을 이해하고 존중한다. 참여가 소극적이거나 침묵을 유지하는 팀원들을 존중한다. 신중하게 자기표현을 하려는 팀원, 질문하면 답하는 팀원, 적극적으로 질문하고 견해를 표현하는 팀원, 비판적 견해를 표현하는 팀원 등 다양한 참여 방식에 열린 자세를 보인다. 팀 코치 자신도 팀으로부터 느끼는 감정, 통찰한 것을 편안하게 공유한다. 팀 코칭 세션에서 일어나는 일들에 중립적이고 개방적인 태도로 팀을 대한다.

이와 같은 모습은 세션이 끝나거나, 전체 팀 코칭을 종료할 때까지 유지하도록 한다. 이런 모습이 계속 유지되지 않는다면, 그들은 곧 침묵할 것이고 팀 코칭에 참여하지 않게 될 것이다.

(3) 역량 5 프레즌스(Presence)를 유지한다

팀 코치는 개방적이고 유연하며 중심이 잡힌 자신감 있는 태도로 완전히 깨어서 고객과 함께 하는 모습을 보여 주고 유지할 수 있어야 한다. 팀 코치가 이 역량을 수행하는 방식은 다음과 같다.

일대일 코칭에서

1. 고객에게 집중하고 관찰하며 공감하고 적절하게 반응하는 것을 유지한다.
2. 코칭과정 내내 호기심을 보여 준다.
3. 고객과 프레즌스(현존)를 유지하기 위해 감정을 관리한다.
4. 코칭과정에서 고객의 강한 감정 상태에 대해 자신감 있는 태도로 함께한다.
5. 코치가 알지 못함의 영역을 코칭할 때도 편안하게 임한다.
6. 침묵, 멈춤, 성찰을 위한 공간을 만들거나 허용한다.

팀 코칭에서

팀 코칭의 경우 팀 코치는 기본적인 수행 방식에 다음의 모습을 더하여 수행하도록 한다.

- 코칭 과정에서 중요한 것에 집중하기 위해 모든 범위의 감각 및 지각 능력을 사용한다.
- 팀과 스폰서가 동의하고 팀 코칭 세션에서 팀 코치가 보다 현존할 수 있다면 다른 코치와 함께 코칭을 진행한다.
- 팀원들이 잠시 멈추고 팀 코칭 세션에서 상호 작용하는 방식을 성찰하도록 권장한다.
- 필요에 따라 팀의 대화에 적절하게 참여하고 빠진다.

역량 개발하기

프레즌스는 개방적이고 유연하며 중심이 잡힌 자신감 있는 태도로 완전히 깨어서 고객과 함께 하는 능력이다. 팀 코치가 메타 인지(상위의 인식)하며 세션 동안 의식적인 상태에 머물러 팀 코칭에서 일어나는 상황, 팀 코칭의 목표, 팀에게 온전히 집중하는 것이다.

이 역량을 개발하기 위해 다음과 같이 할 수 있다.

관찰

관찰은 팀 코칭에 참여하는 팀원들을 전체적으로 바라보는 것이다. 그들은 누구인지, 무엇을 원하는지, 어떻게 할 수 있는지에 주의를 기울여 살피는 것이다. 그리고 그들이 팀 코치에게 알려주거나 배우게 하는 것은 어떤 것인지를 관찰한다(박창규 외, 2022).

이렇게 관찰된 것에 대해 팀 코치는 관심, 호기심을 드러내는 방식으로 반응한다. 팀원들이 잠시 멈추고 팀 코칭 세션에서 상호 작용하는 방식을 성찰하도록 권장한다.

팀 역학관계를 탐구한다

팀은 독특한 개성, 지식, 스킬 및 동기를 가진 개인으로 구성된다. 함께 일하는 이들 개인의 조합은 권력, 통제, 전문성 및 서로 다른 목표의 많은 역동성을 가져올 것이다. 팀 구성원들, 그들간의 관계, 팀을 둘러싼 이해관계자들 및 그들과의 관계에 대해 관찰한다. 팀원 개인은 다른 팀원과의 상호관계에서 그들 사이에 일어나고 있는 것을 살핀다.

- 우리 팀을 하나의 이미지로 비유한다면 어떤 모습입니까?
- 우리는 어떤 반응을 보이고 있습니까?
- 나/우리는 무엇을 불안해하고 있습니까?
- 팀과 팀원들에게 어떤 영향을 미치고 있습니까?
- 나는 무엇을 말하고 싶습니까?

팀 코치는 팀의 역학관계를 탐구하되 휘둘리지 않아야 하며, 자신감 있게 대응할 수 있어야 한다. 그러려면 팀 내 역학 관계가 팀 상호 작용, 팀 의제, 내부 갈등, 신념, 동맹에서 어떻게 작용할 수 있는지 관찰한다. 이에 관하여 팀 코치는 판단, 평가, 비판, 지적,

조언, 충고하지 않는다. 팀 코치는 팀의 상황을 객관적으로 자각할
수 있도록 관찰된 것을 공유하여 침묵, 기다림을 적절히 활용하며
팀이 선택하도록 기다린다.

- 팀 코치로서 제가 본 것은 _____입니다. 제가 본 것에 대해 어
  떻게 생각합니까?
- 팀이 원하는 것은 무엇입니까?
- 솔직하지 못하게 하는 것은 어떤 두려움이 있기 때문입니까?
- 더 솔직하게 표현하기 위해 어떤 것이 보장되어야 합니까?

감정 관리

팀 코치는 팀 코칭의 현장에 있는 다른 스타일과 성격과 연결되
기 위해 자신의 스타일을 유연하게 조정할 수 있어야 한다. 팀 내의
의견 불일치 속에서 감정과 휴머니티/취약성을 드러내고 전체를
볼 수 있는 중립의 상태를 유지할 수 있어야 한다.

- 감정과 사실을 분리한다.
- 팀이 보여준 모습에 대해 "코치로서 _____한 느낌이 듭니다.
  어떻게 생각하세요?"와 같이 코치 자신의 감정을 언어로 표현
  하여 팀이 알게 한다.
- 유머와 위트 등의 재치있는 표현을 한다.

멈춤, 침묵 활용

이 스스로 성찰할 수 있는 시간을 가지게 한다. 팀 코치는 현재 또는 미래의 팀 상호 작용에서 자신의 행동, 후속행동 및 잠재적 개선에 대한 인식 수준을 높이는 것을 도울 수 있다. 이 때 팀 코치는 침묵, 기다림의 공간을 만들거나 허용하여야 한다. 구체적인 접근법으로 다음과 같이 할 수 있다.

- 팀원이 말을 멈추고 있으면 서둘러 질문하지 않고 기다린다.
- 팀원의 말이 끝나면 다른 질문하기 전에 2~5초 동안 멈춘다.
- 멈춤이 어색하면 팀의 말을 되풀이하거나 공감한다.
- 할 말이 더 있는 듯한 느낌이 들면 '더 말해도 좋다'고 말하고 공간을 허용한다.

3) 효과적으로 의사소통하기

(1) 역량 6. 적극적으로 경청한다

팀 코치는 고객의 시스템 맥락에서 전달하는 것을 충분히 이해하고, 고객의 자기표현(self-expression)을 돕기 위하여 고객이 말한 것과 말하지 않은 것에 초점을 맞추어 경청할 수 있어야 한다. 코치로서 이 역량을 수행하는 방식은 다음과 같다.

일대일 코칭에서

1. 고객이 전달하는 것에 대한 이해를 높이기 위해 고객의 상황, 정체성, 환경, 경험, 가치 및 신념을 고려한다.
2. 고객이 전달한 것에 대해 더 명확히 하고 이해하기 위해 반영하거나 요약한다.
3. 고객이 소통한 것 이면에 무언가 더 있다고 생각될 때 이것을 인식하고 질문한다.
4. 고객의 감정, 에너지 변화, 비언어적 신호 또는 기타 행동에 대해 주목하고, 알려 주며 탐색한다.
5. 고객이 전달하는 내용의 완전한 의미를 알아내기 위해 고객의 언어, 음성 및 신체 언어를 통합한다.
6. 고객의 주제(theme)와 패턴(pattern)을 분명히 알기 위해 세션 전반에 걸쳐 고객의 행동과 감정의 흐름(trends)에 주목한다.

팀 코칭에서

팀 코칭의 경우 팀 코치는 기본적인 수행 방식에 다음의 모습을 더하여 수행한다.

- 각 팀 구성원이 공유한 관점이 다른 팀 구성원의 견해 및 팀 대화와 어떻게 관련되는지 확인한다.
- 각 팀 구성원이 집합적인 팀 에너지, 참여 및 집중에 어떻게 영향을 미치는지 확인한다.
- 잠재적 동맹, 갈등 및 성장 기회를 식별하기 위해 팀 구성원 간의 언어 및 비언어적 의사소통 패턴을 확인한다.
- 참여 코치 또는 다른 전문가와 함께 작업할 때 자신감 있고 효과적인 의사소통 및 협업의 모델이 된다.
- 팀이 대화를 소유하도록 독려한다.

역량 개발하기

팀 코치는 더 명확히 하고 이해하기 위해 반영하거나 요약 또는 더 깊이 탐구하기 위한 질문을 통해 적극적으로 경청하는 모습을 보여준다. 팀 코칭의 주제, 목표, 초점과 관련하여 고객이 전달하거나 전달하지 않은 것을 더 탐구하여 이해하게 된 것에 대해 더 명확히 하기 위한 것이다.

특히 팀의 시스템 맥락에서 전달하는 것을 충분히 이해하고, 고객의 팀과 팀원들의 자기표현(self-expression)을 돕기 위하여 고객이 말 한 것과 말 하지 않은 것에 초점을 맞춘다. 이 역량을 개발하기 위해 다음과 같이 할 수 있다.

적극적으로 경청하는 모습 시연

- 팀원에게 눈 맞추며 듣는다.

- 더 이해하기 위해 "~에 대해 구체적인 상황, 예시는 어떤 것이 있을까요?" 질문한다.
- 비판, 판단, 충고, 가정하지 않는다.
- "~의 의견에 저도 공감하고 동의합니다."
- "70%는 같은 의견이고 30%는 저와 의견이 다릅니다."

팀의 지배적 패턴을 주의하여 경청

지배적 패턴은 팀이 앞으로 나아가는 데에 방해되는 신념이나 가치관이 해당된다. 새로운 사건이나 현상을 바라보는 시각이나 대응방식을 살펴보면 아무런 의심없이 과거 경험의 연장선에서 현재 일어난 일을 바라보고 대응할 가능성이 높다. 현재 일어난 일을 과거의 시각으로, 과거 성공 경험에 기준하여 달라진 현재의 상황을 바로 보지 못하고 과거의 경험으로 인식, 해석해 버리는 것이다.

팀의 지배적 패턴을 아는 것은 현재 상황에 대해 팀이 새로운 관점으로 인식하고 대응하도록 지원하는 데에 꼭 필요하다. 과거의 부정적 경험에서 현재 성공할 수 있는 자원을 발견할 가능성과 과거의 성공 패턴이 변화된 환경에서 성공 패턴이 되지 못할 수 있으며 다른 가능성을 찾아야 한다는 인식을 지원하기 위해서이다. 따라서 팀 코치는 이 패턴을 인식하기 위해 주의를 기울여 관찰하고 팀원들의 표현을 경청함으로써 알아차리고 팀이 알 수 있도록 지원할 수 있어야 한다.

이러한 패턴은 팀원 개개인에게도 나타나며 팀 내에도 존재한다. 문제 상황에 유연하게 대응하며 앞으로 나아가는 팀원도 있지만 꿈적하지 않는 팀원도 있을 수 있다. 따라서 팀 코치는 팀의 패턴을 인식하기 위해 팀원들에게서 관찰될 수 있는 패턴을 인식하기 위해 의식적인 관찰을 하도록 한다. 구체적인 방법으로 대화 중에 표현하는 것을 통해 관찰할 수 있다.

팀에 존재하는 지배적 패턴

- 어차피 안 될 거야. 지난번에도 그랬잖아.
- ~는 늘 그렇게 했어.
- 이런 것도 못하다니 정말…….
- 맡겨봤자 또 안 될 건데.
- 조용히 있으면 반이라도 가지.

팀원의 표현에서 알 수 있는 패턴

- 우리는 ~게 일한다.
- ~해야 한다.
- ~게 되어야 일할 수 있다.
- ~면 안된다.
- ~서 하기 어렵다.
- 이건 불공평하다.
- ~은 우리 조직에서 하기 어렵다.
- ~이 바꾸지 않으면 ~다.
- ~때문에 ~다.
- ~는 변하기 어렵다.

이 외에 팀 코치는 팀의 의사결정 방식, 문제 해결과정에서 패턴을 알 수 있다. 팀이 평소에 중요한 것을 의사 결정하거나 문제해결의 과정에서 서로 다른 의견을 다루는 방식 등에 대해서 눈 여겨 본다면 팀의 패턴을 알 수 있다. 이에 대해 팀장과 팀원들이 알도록 공유하거나 탐색할 수 있다.

더 표현하도록 공감, 질문, 탐구로 초대

팀 코치는 팀원들이 더 표현할 수 있도록 탐구 질문을 하고 경청한다.

- "~님께서는 팀에서 일하면서 언제 보람을 느끼십니까?"
- "팀과 함께 함으로써 어떤 것을 얻고 있습니까?"
- "~님이 일하시는 의미는 무엇입니까?"
- "일을 통해서 얻고 있는 것은 무엇입니까?"
- "이 팀에서 일하면서 더 나아진 것은 무엇이고 더 힘들어진 것은 무엇입니까?"
- "이 팀에게 ~님의 능력이 필요하다면 어떤 것이 있습니까?"
- "~님에게 일할 때 중요한 가치는 무엇입니까?"
- "어떤 방식으로 일할 때 훨씬 좋은 결과를 얻습니까?"
- "이번 성과는 어떻게 얻게 된 것인지 프로세스를 살펴볼까요?"
- "유효한 것과 유해한 방식은 어떤 것인가요?"

팀원 개인의 스타일을 존중하며 더 표현할 수 있도록 초대

침묵을 지키고 있는 팀원이 있다면 침묵의 의미를 신속히 이해한다. 자신이 말할 준비를 기다리는 것, 발표자의 의견에 다른 의견을 가진 경우, 특정인에 대한 말하지 않는 불만이나 감정을 가진 경우, 생각을 신중하게 하는 경우 등 침묵의 다양한 경우를 알 수 있다.

계속 말하는 팀원을 살펴보기

그는 침묵을 견디기 어려워하고 불편하게 느낄 수 있다. 팀장이 침묵을 불편해 한다면 그는 팀원들의 진솔한 얘기를 들을 기회를 놓치게 될 것이다. 팀장이 침묵에도 편안하게 있는 모습을 보인다면 팀원들은 자신의 생각, 의견을 표현할 것이다. 적절한 기다림이 필요하다.

팀원들이 자기표현할 수 있도록 시간을 정한다

소외되는 사람이 없게 하며, 2~3분간 말할 수 있게 한다. 독점하는 사람이 없게 한다.

⑵ 역량 7. 새로운 인식을 일깨운다

팀 코치는 강력한 질문, 침묵, 은유(metaphor) 또는 비유(analogy)와 같은 도구와 기술을 사용하여 고객의 통찰과 학습을 촉진할 수 있어야 한다. 코치로서 이 역량을 수행하는 방식은 다음과 같다.

일대일 코칭에서

1. 가장 유용한 것이 무엇인지 결정할 때 고객의 경험을 고려한다.

2. 알아차림이나 통찰을 불러일으키기 위한 방법으로 고객에게 도전한다.

3. 고객의 사고방식, 가치, 욕구 및 원함 그리고 신념 등 고객에 대하여 질문한다.

4. 고객이 현재의 생각을 뛰어 넘어 탐색하도록 도움이 되는 질문을 한다.

5. 고객이 이 순간에 경험하고 있는 것을 더 많이 공유하도록 초대한다.

6. 고객의 발전(client's progress)을 위해 무엇이 잘되고 있는지에 주목한다.

7. 고객의 욕구에 맞추어 코칭 접근법을 조정한다.

8. 고객이 현재와 미래의 행동, 사고 또는 감정 패턴에 영향을 미치는 요인을 식별하도록 도와준다.

9. 고객이 어떻게 앞으로 나아갈 수 있는지, 무엇을 하려고 하고 할 수 있는지 생각해 내도록 초대한다.

10. 관점을 재구성(reframing) 할 수 있도록 고객을 지원한다.

11. 고객이 새로운 학습을 할 수 있는 잠재력을 갖도록 관찰, 통찰 및 느낌을 있는 그대로 공유한다.

팀 코칭에서

팀 코칭의 경우 팀 코치는 기본적인 수행방식에 다음의 모습을 더하여 수행한다.

- 팀의 가정, 행동 및 의미 형성 프로세스에 도전하여 집단적 인식 또는 통찰력을 향상시킨다.
- 질문 및 기타 기술을 사용하여 팀 개발을 촉진하고 집단 대화에 대한 팀의 주인의식을 촉진한다.

역량 개발하기

새로운 자각을 불러일으키기 위한 목적으로 팀 코치가 강력한 질문, 침묵, 은유 또는 비유와 같은 도구와 기술을 사용한다. 질문은 새로운 생각과 행동을 탐구하게 한다. 중요한 것을 발견하고 다양한 가능성을 탐색하기 위한 질문이 해당된다. 팀이 현재 팀의 문제상황을 새로운 관점에서 바라보게 하거나, 팀이 잘 개발된 모습을 상상할 수 있도록 은유, 비유를 사용하여 자각하게 한다. 이같은 질문은 간결하고 직접적이며 탐구, 탐색, 탐험을 촉진하는 개방형의 질문으로 누가(who), 무엇을(what), 어떻게(how), 왜(why) 등의 의문사를 사용하여 질문한다.

- "팀의 존재가치는 무엇입니까?"
- "이 변화를 통해 우리가 얻는 것은 어떤 것입니까?"
- "원하는 팀의 모습을 사진/단어 하나로 표현하면 무엇입니까?"

팀 코치는 이 역량을 발휘함으로써 팀으로 하여금 미래를 창조할 수 있는 새로운 관점을 선택하도록 돕는다. 역량을 개발하기 위해 다음과 같이 할 수 있다.

가장 유용한 것이 무엇인지를 결정하도록 지원

현재 상황을 새로운 시각으로 바라보게 하거나 고객의 시각에 도전함으로써 새로운 통찰을 불러일으킨다. 현재 고객이 익숙하게 생각하고 행동해 온 방식을 뛰어 넘어 탐색하도록 질문을 하거나 앞으로 나아가기 위해 팀의 중요한 목표나 문제 또는 상황에 대해 메타 인지할 수 있는 질문을 한다.

- "팀이 조직에 있는 존재이유는 무엇입니까?"
- "팀의 중요한 역할, 업무는 무엇입니까?"
- "지금 상황이 계속된다면 우리 팀은 어떤 위기를 맞이하게 됩니까?"
- "~님이 팀을 떠난 후에, 이 팀과 함께 한 순간들을 어떻게 기억하고 싶습니까?"
- "현재 상황을 하나의 사진/단어로 표현하면 어떤 것입니까? (예: 지뢰밭, 폭탄, 안개, 일 무덤)"
- "팀은 무엇에 대해 더 이야기해야 합니까?"

팀이 인식하고 당연시하는 관점에 도전

팀에 도전하는 것이 아니라 팀의 성장에 방해가 되고 있거나 다른 것이 있을 가능성을 탐색, 발견할 수 있도록 그리고 분별하도록 촉진하기 위해 질문한다.

- "지금 이렇게 말씀하시는데, 이것은 사실입니까? 생각입니까?"

- "팀의 성장을 방해하는 것은 무엇입니까?"
- "무엇을 하지 않고 있습니까?"
- "무엇을 참을 수가 없습니까?"
- "무엇을 두려워하고/망설이고 있습니까?"

특히 고객이 사고, 행동, 감정적 패턴을 알게 하고 어떻게 앞으로 나아갈 수 있는지, 무엇을 하려고 하고 할 수 있는지 생각하도록 관점을 재구성(reframing)하여 고객을 지원한다.

코치의 직감 공유

- "제가 보기에는 ~게 보이는데, 어떻게 생각하세요?"
- "제가 듣기에는 지금 ~게 느껴지는데, 어떤가요?"
- "제가 관찰한 바로 ~를 ~측면에서 바라보고 계신 듯합니다. 어떻게 생각하세요?"

현재 잘 해 온 것, 팀의 강점에 주목

팀원들은 문제 상황에서는 잘 못한 것, 실패한 것, 부족한 것, 문제의 원인분석에 집중할 수 있다. 팀 코칭에서 중요한 것은 '원하는 결과' '성장'에 관점을 유지하는 것이고, 앞으로 나아가는 것에 초점을 유지하는 것이다. 이 때 필요한 것은 팀이 잘 해온 것, 배운 것, 팀의 가정이나 당연시 함으로써 쓰이지 않은 강점, 팀원들 개개인의 능력, 좋은 결과를 얻었던 성공 경험으로부터 자원을 찾는 것이다. 팀 코치는 팀이 잘 하고 있는 것, 잘해 온 것에 대해 팀 스스로를 인정하고 축하할 수 있어야 한다.

강점에 주목하게 하는 질문

- "우리 팀이 지속적으로 함께할 수 있었던 것은 무엇을 하였기 때문일까요?"
- "우리가 이룬 것 가운데 의미있는 성과는 어떤 것이었는지요?"
- "우리 팀이 지금까지 성장한 것은 어떤 노력, 능력을 발휘하였기 때문일까요?"

성장을 방해하는 가정에 도전

팀에 내재된 가정, 패턴 및 행동, 의미 생성 과정에 도전하여 팀의 집단적인 인식과 통찰력을 향상시키는 효과가 있다. 도전은 팀에 내재된 고정관념, 팀의 미래에 대한 부정적 관념, 자신의 사고, 행동을 제한하는 가정이 그 대상이 된다. 사고, 행동을 제한하는 가정은 팀의 목표 달성이나 팀 분위기를 불안하고 앞이 보이지 않는 비전이 없는, 성장가능성이 없는 팀으로 인식하게 만든다. 부정적인 가정은 팀원들에게 팀에 대한 열의, 일에 대한 몰입감을 떨어뜨리는 요소로 작용하기도 한다. 다음은 팀의 부정적인 가정에 도전하는 예시이다.

- "_____게 보는 것이 _____결과를 얻는 데에 어떤 영향을 미칠까요?"
- "_____게 _____하는 것이 우리 팀이 발전하는 데에 어떤 역

할을 하고 있는지요?"
- "_____님의 생각은 사실인가요? 짐작인가요?"
- "과거에 이룬 성공방식은 달라진 상황에 적용한다면 어떤 결과를 얻게 할까요?"
- "지금의 방식을 계속 유지한다면 우리가 겪게 될 위기상황은 어떤 것일까요?"
- "_____한 방식이 우리 팀에게 미치는 긍정적/부정적 영향은 어떤 것이 있습니까?"
- "우리 팀이 잘 기능하려면 현재 패턴을 어떻게 다르게 하면 될까요?"
- "우리가 거부하고 있는 것은 무엇입니까?"
- "우리가 거부하는 이유, 반대로 수용하는 이유는 각각 무엇입니까?"

　이처럼 팀 코치가 팀 내에 편재하고 있는 부정적 관념이나 가정을 바라보게 하는 질문, 피드백을 하게 되면 팀은 도전받는 느낌이 들 수 있다. 팀의 성장을 저해하는 것이 외부 환경 탓이라고 보던 것에서 팀 내부에 성장 저해 원인이 있음을 새롭게 인식할 수 있다. 문제가 외부에 있다고 믿을 때는 방법이 없다고 생각할 수 있으나 문제가 내부에 있다는 것을 깨닫게 되면 그 문제는 더 이상 '남의 것' '나와 상관없는 것'이 아니라 '나의 것' '내가 책임지고 해낼 것'이 된다. 이렇게 될 때 방법을 찾기 위한 가능한 대안을 탐색하는 단계로 나아갈 수 있다.

4) 학습과 성장 북돋우기

(1) 역량 8. 고객의 성장을 촉진한다

팀 코치는 고객이 학습과 통찰을 행동으로 전환할 수 있도록 협력한다. 코칭 프로세스에서 고객의 자율성을 촉진할 수 있어야 한다. 코치로서 이 역량을 수행하는 방식은 다음과 같다.

일대일 코칭에서

1. 새로운 알아차림, 통찰, 학습을 세계관 및 행동에 통합하기 위해 고객과 협력한다.

2. 새로운 학습을 통합하고 확장하기 위해 고객과 함께 고객의 목표와 행동, 그리고 책임 측정 방안(accountability measures) 을 설계한다.

3. 목표, 행동 및 책임 방법을 설계하는 데 있어서 고객의 자율성을 인정하고 지지한다.

4. 고객이 잠재적 결과를 확인해 보거나 이미 수립한 실행단계로부터 배운 것을 지지한다.

5. 고객이 지닌 자원(resource), 지원(support) 및 잠재적 장애물(potential barriers)을 포함하여 어떻게 자신이 앞으로 나아갈지에 대해 고려하도록 한다.

6. 고객과 함께 세션에서 또는 세션과 세션 사이에서 학습하고 통찰한 것을 요약한다.

7. 고객의 진전과 성공을 축하한다.

8. 고객과 함께 세션을 종료한다.

팀 코칭에서

팀 코칭의 경우 팀 코치는 기본적인 수행방식에 다음의 모습을 더하여 수행한다.

• 팀이 목표와 목표를 달성하기 위한 단계를 식별하는 데 도움이 되도록 대화와 성찰을 장려한다.

역량 개발하기

새로운 배움을 행동으로 전환하도록 지원하며 고객의 자율성을 발휘하도록 지원한다. 고객의 목표와 행동, 그리고 스스로 책임지고 관리할 수 있는 방법을 계획하고 실행의 과정에서 얻을 수 있는 예상 가능한 결과 혹은 어려움을 확인하고 성공적인 결과를 얻을 수 있도록 지원한다. 끝으로 코칭 세션 또는 전체 코칭 과정 동안에 있었던 고객의 진전과 성공을 축하하며 코칭을 종료한다.

목표, 행동, 책무 설계시 팀의 자율성을 존중

인간의 본성은 성장이다. 인간은 자율적인 존재이다. 사람들은 자신의 생각과 감정과 원하는 것을 하면서 살기를 바라며, 외부의 압력이나 간섭이 아닌 스스로 결정할 때 행복하다. 페터 비에리는 『자기결정』(2015)에서 스스로 정한 삶을 살 때 인간은 행복하며, 자유로울 수 있다고 한다. 존엄한 삶은 내가 정한 삶일 때이다. 따라서 팀이 정하도록 하는 것은 팀의 존엄성을 인정하고 존중하는 것이다. 따라서 팀의 자율성을 존중하며 팀이 선택, 결정하고 행동하는 주체로서 대하는 것을 유지하도록 한다.

실행 계획을 명확히 하기

팀 코칭 세션의 마무리에는 팀 코칭의 목표와 관련된 구체적 실행계획을 팀, 개인 차원에서 세우게 된다. 계획한 것은 다음 세션에서 진행한 것을 공유하게 된다. 팀이 실행계획한 것의 진척사항 또는 실행의 과정에서 배운 것을 편안하게 말할 수 있도록 질문, 지지하도록 한다.

- "~님은 어떤 것을 하겠습니까?"
- "다음 세션에서 하기로 한 것을 공유해 주겠습니까?"
- "계획한 것을 실행하면서 어떤 배움이 있었습니까?"
- "지금까지 세션을 통해 무엇이 더 나아지고 있습니까?"

팀원과 팀의 변화와 성장을 축하하기

팀 코치는 팀이 모를 수도 있는 팀의 성장, 진전에 대해 팀 스스로 표현하도록 질문하거나, 팀 코치가 직접적으로 팀원들이 알 수 있도록 공유한다. 팀 코칭 과정 동안에 팀 또는 팀원 개인이 이룬 크고 작은 성과, 성취, 성장을 축하한다. 다음의 것들을 관찰하고 축하하도록 한다(박창규 외, 2022).

- 팀, 팀원들이 보여 준 성취를 축하하기

- 목표를 이루어 낸 것
- 팀, 팀원들이 자신에 대해 중요한 것을 깨닫게 된 것
- 관계, 일, 삶의 방식에 변화를 시도한 것
- 팀, 팀원들의 잠재력을 발휘하고 성취한 것
- 서로에게 기여한 것
- 자신의 가치관을 재정의한 것
- 팀, 팀원 개개인을 새롭게 자각한 것
- 고착화된 관념, 방식보다 현재 중요한 것에 집중하게 된 것
- 행동(패턴)의 변화를 이루어낸 것, 노력하는 것
- 팀이 보여 준 통찰, 에너지 등

　사고나 관점의 전환, 의식의 전환은 일어날 수 있으나 이를 행동을 변환시키는 과정에는 개인의 실천이 필수적이다. 팀 코치는 팀 코칭의 과정에서 이룬 팀의 성과와 성장, 팀원의 성장에 관심을 기울이고 언제든 축하할 준비가 되어 있어야 한다.
　팀 코칭은 팀원 개개인에게 초점을 맞추기보다 팀 전체를 하나의 고객으로 대한다. 따라서 팀원 개개인의 성취, 성공 이상으로 팀이 이룬 성과나 성장에 대한 축하가 따라야 한다. 코칭 과정에서 팀이 보여준 진전들, 가령 팀의 에너지, 솔직한 표현, 참여 정도, 더 많은 성찰과 자기표현, 팀원들 간의 상호 존중과 더 많아진 소통은 물론 팀 코칭의 목표, 결과를 이룬 것을 확인하고 팀으로 하여금 축하하도록 한다.

- 팀의 변화, 전환된 것과 팀의 미래 성장을 축하합니다.
- 지난 주 ~ 변화가 있었습니다. 진심으로 축하합니다.
- 세션 시작 때에 ~한 목표를 세웠는데 이룬 것을 축하합니다.
- ~관점에서 ~관점으로/~상태에서 ~로 변화한 모습을 축하합니다.
- ~하기로 한 것을 ~해내신 것을 축하합니다.

팀 코치는 전체 팀 코칭 과정 동안 팀과 팀원 개개인에 대한 관심을 기울이고 의식적으로 관찰해야 팀원들의 성장, 팀의 성장을 인식할 수 있다. 팀으로 하여금 그들 자신의 목표에 초점을 맞추게 하고 팀의 자율성을 발휘하도록 끌어낼 수 있는 역량을 발휘할 때 팀 코칭은 성공적일 수 있다. 이를 위해 팀 코치는 다음과 같은 것에 주의를 기울이고 팀과 팀의 변화와 성장을 끌어내는 데에 활용할 수 있다.

그들 스스로 자신의 팀 목표에 초점을 맞추게 하는 것이다. 팀이 기여하는 것을 보고 말해 줄 수 있어야 한다. 그들이 무엇을 어떻게 할 수 있는지를 그들 자신이 알 기회가 있어야 하고, 팀원 자신이 본인의 능력을 알아보게 하고, 자신이 인식하고 있는 것보다 훨씬 더 많은 능력이 있고, 뛰어난 사람일 수 있다는 것을 알 수 있게 한다.

5) 항상 코칭 마인드셋을 유지하라

팀 코치는 매 순간 팀과 상호작용할 때 유지해야 할 모습이 있다. 팀 구성원들의 다양성, 조직문화에 대해 개방적이고 유연한 태도로 팀 중심적인 관점을 유지하면서 팀 코칭을 전개하여야 한다. 즉, 수직관계가 아닌 수평적인 파트너로서의 모습을 팀 코칭 관계에서 보여 주어야 하는데, 이것이 바로 코칭 마인드셋을 갖춘 코치의 모습이다.

코칭 마인드셋은 관찰 가능하다. 팀과 팀원 개개인에 대한 관심을 기울이고 열린 자세로 팀을 존중하며, 솔직하게 표현하는 모습으로 팀과 팀원들의 다양성에 유연하게 대응하는 모습에서 알 수 있다. 특히 팀 코칭의 과정에서 팀이 언제나 주도적으로 선택권을 가지고 참여하도록 팀 코치가 팀에게 협력하는 모습을 의미한다. 팀 코치가 팀과 이해관계자들과의 상호작용에서도 마찬가지의 모습을 유지한다.

코칭 마인드셋은 의식적으로 개발 가능하다. 구체적인 개발 접근법으로 팀 코칭을 수행하는 과정에서 슈퍼바이저와 함께 하거나 팀 코칭을 수행한 후 슈퍼비전을 받는 것이다. 팀 코칭에 대한 슈퍼비전은 계약(contracting), 진단과 개입 설계, 팀 워크숍 리뷰와 변화의 전기를 지속시키기 위한 계획, 관계가 진척되는 방식에 대한 정기적 리뷰 등의 측면에서 특히 유용하다(Hawkins & Smith, 2018).

분명한 사실은 모든 팀 코칭은 동일하지 않다는 것과 팀과 팀의 시스템 맥락에 따라 동일한 모델, 프로세스로 전개할지라도 팀원들이 도출하는 결과는 다르다는 점이다. 따라서 다양한 팀과의 팀 코칭을 시도하도록 하고 매 순간마다 고객에게 개방적이고 유연하게 고객 중심적 관점에서 팀 코칭을 의식적으로 수행하여야 할 것이다.

3. ALIGN 팀 코칭 사례

팀 코치는 마지막 순간까지 팀에 대한 관심을 유지한다.

ALIGN 팀 코칭 프로젝트를 종료했을 때 참가한 팀과 팀원들은 어떤 경험을 할 수 있는가. 우리는 실제 진행한 사례를 통해 독자들이 짐작할 수 있기를 바란다.

다음은 실제 진행한 ALIGN 팀 코칭 프로젝트에서 최종 세션을 마무리하고 4주 후에 진행한 팔로우업 세션의 일부로, 참가자들에게 4가지 질문을 제시하고 그들의 경험을 담은 자료이다.

팔로우업 세션: 참가자 소감 포커스

- 대상: 스타트업 조직문화팀(각 팀에서 선발되어 진행하는 Virtual 팀)
- 방법: 대면, 회당 3시간~3시간 30분, 총 5회 진행(1~4회 격주 진행＋4주후 Follow up 세션 5)
- 참가자: 김민경(경영본부 대리), 박진주(연구개발 지원 대리), 이 상민(Task Force팀 팀장), 김시훈(생산라인 팀장), 정승연(HR팀 팀장), 황정민(CEO, 조직문화팀 팀장)

－참고: CEO와의 면담, 팀장과의 사전 면담을 각 1회 진행, 팀 코
  칭의 니즈 이해 및 합의
  총 5회 세션 진행, 팀 코칭 과정 중에 팀원 개인 코칭 각 1회,
  CEO 2회 진행

팀 코치는 처음에 가졌던 팀과 팀원들에 대한 관심, 이해를 팀 코칭의 관계가 종료되는 순간까지 유지한다. 특히 전체 팀 코칭 과정에서 팀과 팀원들이 보여 준 다양한 변화, 성장 및 그들의 통찰과 노력에 주의를 기울이고, 그것을 인정하고 축하한다. 그리고 팀과 팀원들에게 일어난 변화와 성장을 팀이 알 수 있도록 팀에게 공유하며 서로 축하할 수 있게 한다.

다음은 팀 코칭 세션을 종료한 뒤 가지는 팔로우업 세션 장면이다. 팀원 자신이 변화, 성장한 것은 물론 팀 코치가 관찰했던 팀원의 독특한 능력과 기여에 대해 공유하는 모습이다.

코치: 그동안 수고가 많으셨어요, 모두 성장하셨죠? 서로 팀워크도
많이 돈독해지신 듯하고 원래 좋으셨는데 좀 더 자기 목소리
를 내셨던 시간이었습니다. 이 과정이 잘 진행될 수 있게 기
회를 만들어 주신 대표님께 감사드립니다.
이 프로젝트를 전체적으로 마무리하려고 합니다. 다음 4가지
질문에 대해 각자 소감을 나누어 주시면 감사하겠습니다.

첫째, 각자 기억나는 실천이 있다면 무엇입니까?

둘째, 팀과 같이 하면서 의미있었던 순간들, 아쉬운 순간들은 무엇입니까?

셋째, 팀 코칭을 시작하고 지금까지 과정 동안에 나 자신이 달라진 것이 있다면 무엇입니까?

또 다른 팀원이 봤을 내가 달라진 점이 있다면 어떤 것이 더 있습니까?

넷째, 앞으로 이 경험을 시작으로 시도해 볼 것은 어떤 것입니까?

한 분 한 분 말씀 나누면서 마무리하려고 합니다. 한번 이렇게 정리해 볼 수 있도록 시간을 드릴 테니 메모하시고요. 3분 뒤에 한 분씩 말씀 듣도록 하겠습니다.

코치: 네, 다 쓰시고 나면 말씀 잘하는 분도 계시고, 먼저 얘기하면서 정말 표현하고 싶은 것을 찾는 분들도 계시더군요. 어느 분부터 말씀하시겠어요? (잠시 바라보다가 팀원 한 사람을 바라보며) 오늘은 유난히 이상민 님이 눈길이 가네요(하하하). 괜찮다면 먼저 소감을 들려주시겠어요? 첫 번째로 말씀해 주시니까 말씀하실 시간을 충분히 쓰시구요. 나중에 하시는 분들은 짧게 얘기하셔도 돼요

(*다 같이 웃음)

안정감 있게 이렇게 앉은 자리에서 U자 형태로 돌아가며 듣도록 할게요.

이상민: 아~ 저는 전체 프로젝트 과정 중에 가장 기억에 남는 실천은 뭐냐면, TPNC(Team People and Culture)의 미래 모습을 그림으로 그렸던 활동이었어요. 거기서 이제 숲과 나무를 우리가 그려서 어쨌든 하나의 지향점을 가지고 있다는 걸 확인한 것이 좋았고요, 이번 팀 코칭에 참여하면서 여러 사람들의 다양한 의견들을 충분히 시간을 두고 나누고 의견들을 들을 수 있어서 좋았어요. (잠시 멈춘 뒤) 아쉬웠던 부분은 저희가 아무래도 이제 가상 조직에 가까운 형태를 가지고 있다 보니까, 프로세스들을 바로 직접적으로 적용하기 어려운 부분들이 있었고 그때 좀 헤맸었는데 그런 부분들이 좀 아쉬웠어요. 팀 코칭 전과 비교해서는 저는 처음에 TPNC를 그냥 테스크 포스라고 생각을 해서 명확한 역할이나 우리가 가야 할 목표를 생각해 본 적이 없었는데, 이 팀 코칭을 통해서 TPNC를 팀이라고 느끼게 되고 팀으로서의 TPNC의 역할과 목적에 대해서 생각해 볼 수 있게 되었습니다. 이후 어떤 점을 실천해 보겠는가는 아직 못 잡았는데요. 사실 제가 이렇게 나서서 실천하는 스타일이 아니라서 팀에서 하겠다고 하면 열심히 따라가도록 하겠습니다.

(서로 응원과 호응의 박수)

코치: 네, 이상민 님은 아주 명료하게 자신의 생각을 전달하는 탁월한 소통 능력을 갖고 계신 분이라고 알 수 있었어요. 정말

깔끔하게 잘 들었습니다. (감사합니다.) 네, 이어가겠습니다. 김시훈 님.

김시훈: 저는 복지제도 업그레이드, 그 두 번째 시간이 기억이 납니다. 퇴사율 0퍼센트 역할과 기회에 대해서 고민하면서 저 개인뿐만이 아니라 '다른 사람은 어떤 고민을 하고 있을까?'에 대해 생각할 수 있었던 거, '내 고민 말고 팀원들 고민도 있지만 회사 구성원들은 어떤 고민을 하고 있을까?'에 대해 생각의 폭을 넓힐 수 있었던 게 기억에 많이 남습니다. 그다음에 프로젝트에 참여하면서 좋았던 부분이 처음에 있었던 개인 강점, 마음을 파악했던 거 그리고 팀 코칭 중간쯤에 일대일 코칭이 되게 인상 깊었어요. 안정감을 느낄 수 있었고, 살면서 조금 의문이었던 부분들에 대해서도 조금은 명확해지는 답을 얻은 거, 또 저희 팀원분들이 마음 속에 있는 이야기를 해 주셔서 이해도가 높아지기도 했어요.

(잠시 멈춘 뒤)

과정 중에는 그렇게 아쉬웠던 부분은 없었던 것 같고 오히려 우리 팀 말고 다른 팀들, 팀 개편이 되어서 각자 자기 역할만 너무 하다 보니까 서로 같은 팀이지만 팀원들끼리 잘 모르겠다는 얘기를 주변에서 들었던 것 같아서 다른 팀들도 이런 걸 경험해 봤으면 어땠을까? 저희 팀이 이런 과정을 가질 수 있어서 감사했습니다. 근데 필요한 팀이 정말 있어요. (다 함께 공감의 웃음)

그리고 이전과 비교해서 달라진 부분은 제 개인적인 부분도 조금은 달라졌고, 이제 팀 차원에서 프로세스 따라 움직여 보면서 미흡했던 부분들이나 제가 미처 생각하지 못했던 부분들을 개선해서 더 나은 진행, 좀 더 나은 계획 수행을 좀 더 구체적으로 할 수 있게 되었어요. 그 점이 많이 달라진 점입니다. 그래서 이후 어떤 점을 실천해 보겠나? 뭔가를 실행할 때 마음을 살펴보자. 컴다운 실천을 스스로 해 보자. 그 방법을 찾아보자고 준비하고 있습니다.

(서로 응원과 호응의 박수)

코치: 그동안 보았던 시훈 님을 떠올리면 공감이라는 단어가 떠올라요. 말씀 들을 때도 그렇고 말씀하신 내용을 들어 보면 그 수용이나 공감, 이런 부분을 굉장히 잘하실 것 같은 분, 사람들 사이의 촉매 역할을 참 잘하시는 분의 모습이었어요. 그 느낌을 받아서 꼭 말씀드리고 싶었습니다. (김시훈: 아이고, 감사합니다) 하하하. 그럼 우리 박진주 님의 말씀도 들어볼까요?

박진주: 저는 전체 프로젝트 과정 중에 제가 했던 실천이 가장 기억에 남아요. 개인 코칭에서 저의 개인적인 과제 실행이었는데요, 저희 티타임 매뉴얼을 정리해서 팀에 공유해 드리면 좋겠다는 생각을 했어요. 더 한 번 봐야 할 것 같지만 정리를 하다 보니까 이걸 왜 진작에 안 했을까? 하는 생각도 들고 지금은 티타임 편집이나 이런 걸, 전체적인 과정을 제

가 혼자 하고 있는데, 이것도 매뉴얼화해서 계속 공유해서 다른 분도 백업이 가능하겠다는 생각이 들었어요. 그리고 좋았던 부분은 저희 3주차 적합한 인재를 하면서 내가 보는 내 강점과 남이 보는 내 강점 이런 것들을 보는데, 사실 강점 진단은 예전에 해 봐서 어느 정도 알고는 있었지만 '남이 보는 나는 어떤가?'에 대해서는 좀 모호함이 좀 있었는데, 처음으로 팀원분들과 서로에 대한 피드백을 나누면서 자신감을 얻은 것 같아서 (웃음) 되게 좋은 시간이었어요.

아쉬웠던 부분은 상민 님이 말씀하셨던 부분인데, 저희 팀 조직이 가상 조직이어서 과정 자체를 100% 전부 다 적용하기에는 약간 좀 아쉬웠습니다. 대신에 다른 저희 상설 조직들에 적용해 본다면 정말 괜찮을 것 같다는 생각을 많이 했고, 팀 코칭 전후로 해서 달라진 부분은 이런 과정을 들으면서 저 팀에 이 과정이 있으면 그래도 좀 되지 않을까? 하는 생각을 괜히 한번씩 하게 되었던 거 같아요. (오! 서로 웃음) 그리고 앞으로 실천해 볼 것은 지금처럼 열심히, 자신감 있게 해 보겠습니다. (서로 응원과 호응의 박수)

코치: (박수) 진주 님에게서 제가 배운 것으로 상황 전체를 두루 살피는 눈이, 그 시야가 굉장히 넓으신 듯해요. 활동을 할 때 체계적으로 정리하는 능력이 돋보이시더군요. 그래서 매뉴얼화, 시스템화 등 전체적인 체계를 잘 잡아 주시는 모습에 감탄했습니다. (모두 수긍하듯 고객을 끄덕였고 진주

님은 쑥스러운 듯 미소지어 보였다) 네. 계속해서 우리 김
민경 님~

김민경: 저 같은 경우는 TPNC 역할이나 해야 되는 일들을 같이 논
의해 볼 수 있는 시간에 구체적으로 알아본 게 있었는데요.
뭔가 기여할 수 있는 부분을 몰두해서 했었거든요. 이런 식
으로 팀에 도움이 된다든지 어떤 키워드나 어떤 하나의 꼭
지를 정해서 다같이 논의하고 중점적으로 몰두해 볼 수 있
는 시간이 있어서 저는 그 부분이 기억에 남았어요. 그리고
좋았던 부분은 약간 민망하긴 했지만 서로를 칭찬해 준 시
간이 저는 되게 기억에 남아서 좋았던 것 같아요.

그리고 아쉬웠던 부분은 저희가 많은 프로젝트를 하고 나
서 이걸 진행했으면 훨씬 더 좋았겠다고 생각했어요. 지금
은 약간 예측 가능한, 혹은 이걸 하겠지, 할 거야라고 생각
하다 보니까 아무래도 의견이 많이 못 나오는 게 있는데 그
부분이 조금 아쉬웠어요. 음. 전과 비교해서 달라진 부분은
저희가 이제 가야 되는 방향이나 역할을 한번 정리해 보고
구체화시켜 보는 시간이 있어서 좋았고요. 이후에는 오늘
마무리(팀 코칭 프로세스를 자체 예행 연습한 것)되지 못했
던 프로세스나 에너지 이 과정을 저희끼리 다시 한번 논의
해보는 시간을 가졌으면 좋겠습니다. 이상입니다. (서로 응
원과 호응의 박수)

코치: 들을 때마다 든 생각인데요. 대단히 구체적이고 목표가 분

명하면 그 결과를 잘 만들어 내실 김민경 님이라고 크게 느껴졌답니다. 그 능력을 계속 발휘하시면 참 좋겠다 싶었습니다. (모두 맞다고 호응의 박수) 아, 옆에 계신 대표님은 마지막에 하시고요, (함께 웃음) 그럼 정승연 님 얘기도 들어보겠습니다.

정승연: 저는 어떤 실천이 가장 기억에 남는가? '대답하기' 실천이었습니다. (웃음) 사실 제가 감정의 업다운이 있음에도 불구하고 대답을 꼬박 꼬박 하는 거, 대답하기가 제일 어려웠던 실천이었어요. 저는 프로젝트 참여하면서 매번 하는 오프닝(질문)이 좋았어요. 몇 번의 오프닝은 생각해야 되는 것들이지만 다른 사람에 대해서 서로 알 수 있었고 우리가 어떻게 에너지를 올리고 시작하는지를 다시 한번 볼 수 있는 기회였어요. 시작할 때 각각의 주제들이 되게 인상적이었고 좋았고요, 그리고 8월에 티데이하면서 프로세스 설정을 눈에 보이게 그려본 것인데요. 저는 일을 부탁한다는 느낌을 갖고 있었고 얘기할 때는 굉장히 미안한 마음을 갖고 있었는데, 그렇지 않고 각자의 역할이 있구나 역할이 없는 게 더 불편할 수 있겠다. 각자의 역할을 나눠서 자기 역할을 한눈에 볼 수 있게 그려진 게 되게 좋았습니다.

아쉬웠던 부분은 저는 3시간이 되게 긴 시간이라 생각했는데, 이 안에서 저희가 진행하던 것들을 사실 저희의 구체적 문제로 가지고 얘기를 하려면 시간들이 좀 더 필요한 것 같다는 생각을 했어요. 얘기하는 시간을 가지고 우리가 회의를 하고 반영해 볼 수 있는 프로세스가 이어지지 못해 아쉬웠어요.

팀 코칭 전과 비교해 달라진 부분은요, TPNC라는 공동의 목표가 있고 각자의 역할들이 있어야 겠고 각자가 여기서 어떤 역할들을 하고 싶어 하고 조직 문화를 잘 만들어가고 싶어한다는 걸 알 수 있어서 좋았어요. 그래서 아까 상민 님 얘기한 것처럼 이것도 하나의 팀으로서 사람들이 생각할 수 있구나 저는 이제 각자의 업무가 있는데 나머지 걸 더 요청하면 미안해야 되지 않을까 이런 마음들이 있었는데 이걸 더 구체화시킬 수 있어서 좋았고요.

달라진 부분은 그때 민경 님과 상민 님이 둘 다 솔직한 피드백을 해 주었는데 주도성과 자기 확신이 부족한 저를 굉장히 많이 돌아보는 시간이었고요, (함께 웃음) 필요한 부분에 있어서는 주도성을 가지고 가야 되겠다라는 생각을 해봤습니다. 그리고 어떤 점을 실천해 보겠는가는 아까 협업 얘기하면서 이곳에 오는 사람들이 오고 싶은 회사였으면 좋겠다. (웃음) 그래서 상민 님 의견을 받아서 우리가 이제 분기마다 한 번씩 고기를 먹어야 하지 않을까? (웃음)

저는 팀 코칭에서 진행한 피드백 부분도 되게 인상적인데요. 사실 잘한 부분 얘기하고 그리고 개선했으면 하는 부분을 주는 걸 코칭에서는 선물이라고 표현하거든요. 우리가

그런 부분들을 조직으로 가져가고 싶어서요. 우리가 분기
별로 모임에서 했던 일에 대해서 어떤 한 사람에 대해서 잘
한 부분과 개선했으면 하는 부분들을 같이 안심하고 솔직
하게 나눌 수 있는 자리를 만들고 싶다는 생각을 했습니다.
(서로 응원과 호응의 박수)

코치: 정승연 팀장님은 고민 많이 했던 만큼 많은 걸 가져가시는
군요.(하하하) 많이 변하신 부분이 원래 많이 질문하는 분
이신데 물음표를 점점 줄이시더군요. (하하하) 좀 더 구체
적인 어떤 답을 얻어 가시는 듯해요. 가장 큰 변화라고 생각
했습니다. 이제 정말 수고 많으셨던 대표님. 부탁드립니다.

황정민: 네, 짧게 말씀 드릴게요, 순서대로 말씀드리면 기억에 남
는 실천은 퇴사자와 인터뷰를 솔직하게 들을 수 있어서 좋
았다. 여기서 숙제가 아니었으면 되도록 피하고 싶은 만남
이었어요. 그래도 해 봤다는 것이 가장 의미있었습니다. 프
로젝트에 참여하면서 좋았던 부분은 저는 최 코치님하고
두 번의 개인 코칭을 하면서 고민을 함께 할 수 있는 파트너
가 있구나, 코칭이 고민의 책임을 나눌 수 있는 그런 선물
같은 시간이었습니다. 아쉬웠던 부분은 앞서서 말씀해 주
셨던 것처럼 세션과 세션 사이에 코치님 안 계신 가운데서
우리끼리 플러스 알파 리플렉션이 필요했던 것 같다. 그래
서 그렇게 되면 다음 세션을 훨씬 더 잘 할 수 있지 않았을
까, 맨땅에 헤딩하면서 시작하는 경우가 있어서 죄송했습

니다. (웃음)

프로젝트 전과 비교해서 달라진 부분은 약간 기대와 비슷한데요. 조금 더 n분의 1이 된 느낌이 있습니다. 여러분이 더 많이 얘기해 주고 저는 좀 의견을 줄이고 해서 달라졌다고 보이고요. 이후 실천하려는 것은 코치님과 과제로 같이 도출했던 건데 제가 여러분들 하고 한 1:2 미팅 정도를 하고 싶어요. 그래서 데이트를 신청할게요. 그때 고기를 먹겠습니다. (다 함께 웃음) 네, 수고 많으셨습니다. 감사합니다.

코치: 대표님께서 이 과정에 어떻게든 n분의 1이라는 이 표현을 자주 쓰셨는데요. 이 팀은 이미 수평적으로 일을 하고 얘기 나누는 문화를 가진 조직이라는 생각이 들었고요. 제가 본 가장 큰 변화는 가장 모호하게 여겼던 팀, '우리는 팀일까?'라는 물음을 서로 갖고 계셨던 듯해요. 그런데 오늘 "가장 많이 얘기 나온 건 팀이다!"라고 분명히 하시는 모습이었습니다. 진심으로 축하드려요. (박수)

끝으로 지난 4개월의 여정을 마치려고 합니다. 저는 진심으로 여러분께 감사의 말씀을 드리려 합니다. 여러분과 함께 하면서 저는 여러분이 스스로 '우리가 어떤 기여를 할까?' 자신의 역할에 대해서 그리고 기여할 것을 만들어 내셨을 때 한 순간, 뭉클하였습니다. 팀의 일원으로 진심으로 기여하고자 하는 순수한 의도에 제가 감동하였습니다. 그리고 여러분 스스로 학습과 성장을 계속해서 보여 주셨던 점과 자신의 일이 있음에도 팀 코칭에서 배우고 경험한 것을 다른 팀에게도 적용될 수 있기를 바라며 고민하고 실천하셨던 것을 알았기 때문입니다. 그 실천들이 자신과 팀 그리고 조직의 학습과 성장에 기여한다는 사실과 일하기 위해 입사한 이 회사에서 여러분으로 인해 다른 사람들이 행복하게 일할 수 있다는 사실을 꼭 기억하시길 바랍니다. 진심으로 감사드립니다. (머리 숙여 인사)

이로써 모두 마치겠습니다. (박수)

부록 1

ICF 윤리강령

ICF 윤리강령은 5가지 주요 부분으로 구성된다.

- 제1부. 도입
- 제2부. 핵심 정의
- 제3부. ICF 핵심 가치와 윤리 원칙
- 제4부. 윤리 기준
- 제5부. 서약

제1부 도입(INTRODUCTION)

ICF 윤리강령은 국제코칭연맹(ICF)의 핵심 가치와 모든 ICF 전문가를 위한 윤리원칙 및 행동 윤리표준을 설명한다(제2부 핵심 정의 참조). 이러한 ICF 행동 윤리표준을 충족하는 것이 ICF 핵심 코칭 역량(ICF 핵심 역량) 중 첫 번째 "윤리적 실천을 보여 준다—코칭 윤리와 및 코칭 표준을 이해하고 지속적으로 적용한다."이다.

ICF 윤리강령은 다음을 통해 ICF 및 글로벌 코칭 직업의 완전성을 유지한다.

- ICF 핵심 가치 및 윤리원칙에 부합하는 행동 기준을 설정한다.
- 윤리적 성찰, 교육 및 의사 결정을 지도한다.
- ICF 윤리행동 검토(Ethical Conduct Review: ECR) 과정을 통해 ICF 코치 표준을 조정하고 보존한다.
- ICF 인증 프로그램에서 ICF 윤리 교육의 기초를 제공한다.

ICF 윤리강령은 ICF 전문가가 모든 종류의 코칭 관련 상호 작용에서 자신을 대변할 때 적용된다. 이는 코칭 관계(정의 참조)가 설정되었는지의 여부와 관계가 없다. 이 강령은 코치, 코치 슈퍼바이저, 멘토 코치, 트레이너 또는 교육훈련 중에 있는 코치 등의 여러 역할을 수행하거나 ICF 리더십 역할 및 지원 담당자(정의 참조)로 봉사하는 ICF 전문가의 윤리적 의무를 설명한다.

윤리행동 검토(ECR) 과정은 서약과 마찬가지로 ICF 전문가에게만 적용되지만 ICF 직원 또한 이 ICF 윤리강령을 뒷받침하는 윤리행동과 핵심가치 및 윤리원칙에 헌신한다.

윤리적으로 일한다는 것은 회원들이 예상치 못한 문제에 대한 대응, 딜레마의 해결 및 문제에 대한 해결책이 필요한 상황에 필연적으로 직면하게 됨을 의미한다. 이 윤리강령은 고려해야 할 다양한 윤리적 요소를 안내하고 윤리적 행동에 접근하는 대안을 식별하는 데 도움을 줌으로써 강령 적용 대상자를 지원하기 위한 것이다.

윤리강령을 받아들이는 ICF 전문가들은 어려운 결정을 내리거나 용감하게 행동하는 경우에도 윤리적 행동을 취하기 위해 노력한다.

제2부 핵심 정의(KEY DEFINITIONS)

- 고객: 코칭을 받는 개인 또는 팀/그룹, 멘토링 또는 수퍼비전을 받는 코치, 교육훈련을 받는 코치 또는 훈련 중에 있는 코치
- 코칭: 개인 및 직업적 잠재력을 극대화하도록 영감을 주는, 생각을 자극하고 창의적인 과정을 고객과 협력하는 것
- 코칭 관계: 각 당사자의 책임과 기대를 정의하는 협의 또는 계약에 따라 ICF 전문가와 고객/후원자가 설정한 관계
- 강령: ICF 윤리강령
- 비밀유지: 공개에 대한 동의가 주어지지 않는 한 코칭 참여와 관련하여 얻은 모든 정보의 보호
- 이해 상충: ICF 전문가가 여러 이해 관계에 관여하는 상황으로, 하나의 이해를 제공하는 것이 다른 이해에 반하거나 충돌할 수 있다. 이것은 재정적, 개인적 또는 기타의 사유일 수 있다.
- 평등: 인종, 민족, 국적, 피부색, 성별, 성적 지향, 성 정체성, 연령, 종교, 이민 신분, 정신적 또는 신체적 장애 및 그 외 영역에서의 차이점에 관계없이 모든 사람들이 포용, 자원 및 기회에 대한 접근을 경험하는 상황
- ICF 전문가: 코치, 코치 슈퍼바이저, 멘토 코치, 코치 트레이너

및 훈련 중에 있는 코치를 포함하되 이에만 한정되지는 않는 역할에서 ICF 회원 또는 ICF 인증 자격 보유자로 자신을 대표하는 개인

- ICF 직원: ICF를 대표하여 전문적인 관리 및 행정 서비스를 제공하는 관리 회사와 계약한 ICF 지원 직원
- 내부 코치: 조직 내에서 고용되어 해당 조직의 직원을 파트 타임 또는 풀 타임으로 코칭하는 개인
- 후원자: 제공할 코칭 서비스에 대한 비용을 지불 또는 주선하거나 정의하는 주체(대표자 포함)
- 지원 담당자: 그들의 고객을 지원하기 위해 ICF 전문가와 일하는 사람들
- 체계적 평등: 공동체, 조직, 국가 및 사회의 윤리, 핵심 가치, 정책, 구조 및 문화에 제도화된 성 평등, 인종 평등 및 기타 형태의 평등

제3부 ICF 핵심 가치와 윤리 원칙
(ICF CORE VALUES AND ETHICAL PRINCIPLES)

ICF 윤리강령은 ICF 핵심 가치(전문성, 협력, 인간다움, 공평함)와 그로부터 나오는 행동을 기반으로 한다. 모든 가치는 똑같이 중요하며 서로를 지원한다. 이 가치들은 지향점을 가지고 있으며 표준을 이해하고 해석하는 방법으로 사용해야 한다. 모든 ICF 전문가는

모든 상호작용에서 이러한 가치를 보여 주고 전파해야 한다.

제4부 윤리 기준(ETHICAL STANDARDS)

ICF 전문가의 직업 활동에는 다음과 같은 윤리 기준이 적용된다.

제1장 고객에 대한 책임(Responsibility to clients)

ICF 전문가로서 나는,

1. 최초 미팅 전이나 그 미팅에서 나의 코칭 고객 및 후원자가 코칭의 성격과 잠재적 가치, 비밀유지의 성격과 한계, 재정적 합의 및 기타 코칭 협의 조건을 이해하고 있음을 설명하고 확인한다.
2. 서비스를 시작하기 전에 내 고객(들) 및 후원자(들)와 관련된 모든 당사자의 역할, 책임 및 권리에 관한 협의/계약을 작성한다.
3. 합의된 대로 모든 당사자와 가장 엄격한 수준의 비밀을 유지한다. 나는 개인정보 및 통신과 관련된 모든 관련 법률을 알고 있으며 준수할 것에 동의한다.
4. 모든 코칭 상호작용 중에 관련된 모든 당사자 간에 정보가 교환되는 방식을 명확하게 이해한다.
5. 정보가 비밀로 유지되지 않는 조건(예: 불법 활동 – 유효한 법원

명령 또는 소환장에 따라 법이 요구하는 경우, 자신 또는 타인에게 위험이 임박했거나 발생할 가능성이 있는 경우)에 대해 고객 및 후원자 또는 이해 관계자와 명확한 이해가 있어야 한다. 위의 상황 중 하나가 적용 가능하다고 합리적으로 믿는 경우 적절한 당국에 알려야 할 수 있다.

6. 내부 코치로 일할 때, 코칭 협의 및 지속적인 대화를 통해 나의 코칭 고객 및 후원자와의 이해 상충 또는 잠재적 이해 상충을 관리한다. 여기에는 조직의 역할, 책임, 관계, 기록, 비밀유지 및 기타 보고 요구 사항을 다루는 것이 포함되어야 한다.

7. 비밀 유지, 보안 및 개인정보 보호를 장려하고 관련 법률 및 협의를 준수하는 방식으로 업무상 상호 작용 중에 생성된 모든 기록(전자 파일 및 통신 포함)을 유지, 저장 및 폐기한다. 또한 코칭 서비스(기술 지원형 코칭 서비스)에 사용되는 신흥 기술 개발을 적절하게 활용하고 다양한 윤리 표준이 적용되는 방식을 인지한다.

8. 코칭 관계로부터 받은 가치에 변화가 있을 수 있다는 조짐에 주의를 기울인다. 그리고 실제 그럴 경우 관계에 변화를 주거나, 고객/후원자가 다른 코치 또는 다른 전문가를 찾거나, 다른 자원을 활용하도록 권장한다.

9. 협의 조항에 따라 코칭 프로세스 중 어떤 이유로든 어떤 시점에서든 코칭 관계를 종료할 수 있는 모든 당사자의 권리를 존중한다.

10. 이해 상충 상황을 피하기 위해 동일한 고객(들) 및 후원자(들)

와 동시에 여러 계약 및 관계를 맺는 것이 초래할 수 있는 결
과를 민감하게 받아들인다.

11. 문화적, 관계적, 심리적 또는 맥락적 문제로 인해 발생할 수
있는 고객과 나 사이의 권한 또는 지위의 차이를 인식하고
적극적으로 관리한다.

12. 내 고객을 제3자에게 추천함으로써 받을 수 있는 잠재적 보
상 수령 및 기타 혜택을 고객에게 공개한다.

13. 어떤 관계에서든 합의된 보상의 양이나 형태에 관계없이 일
관된 코칭 품질을 보장한다.

제2장 실습 및 수행에 대한 책임
(Responsibility to practice and performance)

ICF 전문가로서 나는,

14. 모든 상호작용에서 ICF 윤리강령을 준수한다. 본인이 강령
위반 가능성을 스스로 인지하거나 다른 ICF 전문가의 비 윤
리적 행동을 인지할 경우 관련자들과 함께 문제를 정중하게
제기한다. 이 방법으로 문제가 해결되지 않으면 공식 기관
(예: ICF Global)에 문의하여 해결한다.

15. 모든 지원 담당자는 ICF 윤리강령을 준수해야 한다.

16. 지속적인 개인적, 전문적, 윤리적 개발을 통해 탁월함에 헌
신한다.

17. 나의 코칭 성과 또는 전문 코칭 관계를 손상시키거나, 충돌

하거나, 방해할 수 있는 나의 개인적인 한계 또는 상황을 인식한다. 취해야 할 조치를 결정하기 위해 지원을 요청하고 필요한 경우 즉시 관련 전문 지침을 구한다. 여기에는 나의 코칭 관계의 중단 또는 종료가 포함될 수 있다.

18. 관련 당사자와 함께 문제를 해결하거나, 전문적인 도움을 구하거나, 일시적으로 중단하거나 전문적인 관계를 종료하여 이해 상충 또는 잠재적 이해 상충을 해결한다.

19. ICF 회원의 프라이버시를 유지하고 ICF 회원의 연락처 정보(이메일 주소, 전화번호 등)를 ICF 또는 ICF 회원이 승인한 대로만 사용한다.

제3장 전문성에 대한 책임(Responsibility to professionalism)

ICF 전문가로서 나는,

20. 나의 코칭 자격, 코칭 역량 수준, 전문성, 경험, 교육, 인증 및 ICF 자격 인증을 정확하게 확인한다.

21. 내가 ICF 전문가로서 제공하는 것, ICF가 제공하는 것, 코칭 직업 및 코칭의 잠재적 가치에 대해 진실하고 정확한 구두 및 서면 진술을 한다.

22. 이 강령에서 정한 윤리적 책임에 대해 알아야 하는 사람들과 소통하고 인식을 제고한다.

23. 물리적 또는 기타 상호작용을 지배하는 명확하고 적절하며 문화적으로 민감한 경계를 인식하고 설정하는 책임을 진다.

24. 고객 또는 후원자와 성적인 관계를 맺거나 연애를 하지 않는다. 나는 관계에 적합한 친밀함의 수준을 항상 염두에 둔다. 문제를 해결하거나 계약을 취소하기 위해 적절한 조치를 취한다.

제4장 사회에 대한 책임(Responsibility to society)

ICF 전문가로서 나는,

25. 모든 활동과 운영에서 공정성과 평등을 유지하면서 지역의 규칙과 문화 관행을 존중함으로써 차별을 피한다. 여기에는 연령, 인종, 성별 표현, 민족성, 성적 취향, 종교, 출신 국가, 장애 또는 군복무 상태에 따른 차별이 포함되며 이에 국한되지 않는다.

26. 다른 사람의 기여와 지적 재산을 인정하고 존중하며 고유한 내 자료에 대한 소유권만 주장한다. 이 표준을 위반하면 제3자에 의해 법적 구제를 받을 수 있음을 이해한다.

27. 연구를 수행하고 보고할 때 정직하고 인정된 과학 표준, 적용 가능한 주제 지침 및 내 능력의 경계 내에서 일한다.

28. 나와 내 고객이 사회에 미치는 영향을 인지한다. 나는 '선을 행하는 것'과 '나쁜 것을 피하는 것'의 철학을 고수한다.

제5부 서약(PLEDGE)

ICF 전문가로서 나는 ICF 윤리강령의 기준에 따라 나의 코칭 고객(들), 후원자(들), 동료 및 일반 대중에 대한 나의 윤리적 및 법적 의무를 이행하는 데 동의한다.

ICF 윤리강령의 일부를 위반하는 경우, ICF가 단독 재량에 따라 그러한 행위에 대한 책임을 물을 수 있다는 데 동의한다. 또한 위반에 대해 ICF에 대한 나의 책임에는 의무적인 추가 코치 교육, 기타 교육 또는 ICF 회원자격 및 또는 ICF 자격상실과 같은 제재가 포함될 수 있다는 데 동의한다.

2019년 9월 ICF 글로벌 이사회에 의해 채택됨.

© 2020 International Coaching Federation

* ICF 윤리강령의 한글 번역본은 ICF Korea Charter Chapter에서 마련하였으며 2021년 8월 4일에 게재하였습니다. 이 문서의 공식 번역본은 ICF 웹사이트 www.coachingfederation.org 에서 찾아보실 수 있습니다. (rev. 09.01.21)

부록 2

ICF 핵심 역량 및 팀 코칭 역량

2019년 10월 - October 2019

국제코칭연맹(ICF)은 코칭 추세와 현장 실무를 분석하여 업데이트된 ICF 코칭 핵심 역량 모델을 발표하였다. 이 역량 모델은 ICF 회원과 비회원을 포함하여 다양한 코치 훈련 과정과 코칭 스타일 및 경험을 가진 전 세계 1,300명 이상의 코치로부터 수집한 자료를 기반으로 한 것이다. 이러한 광범위한 연구를 통해 25년 전에 개발된 기존 ICF 코칭 핵심 역량 모델은 오늘날의 코칭 실행에도 매우 중요하다는 것을 확인하였다.

이에, 업데이트된 핵심 역량 모델에서는 기존 코칭 역량에 새로운 요소들을 일부 추가하고 통합하였다. 새롭게 들어간 역량과 지침에서는 윤리적 행동과 비밀 유지를 최우선적으로 강조하였다. 또한, 코칭 마인드셋, 지속적 성찰의 중요성, 다양한 차원의 코칭 합의들 간의 중요한 차이점, 코치와 고객 간 파트너십의 중요성, 문화적, 체계적 및 맥락적 의식의 중요성이 포함되었다. 새로 포함된 역량은 오늘날 코칭 실행의 핵심 요소를 반영하며 미래를 위한 보다 강력하고 포괄적인 코칭 표준으로 사용될 것이다.

A. 기초 세우기

1. 윤리적 실천을 보여 준다.

정의: 코칭윤리와 코칭표준을 이해하고 지속적으로 적용한다.

1. 고객, 스폰서 및 이해관계자와의 상호작용에서 코치의 진실 성과 정직성을 보여 준다.

2. 고객의 정체성, 환경, 경험, 가치 및 신념에 민감성을 가지고 대한다.

3. 고객, 스폰서 및 이해관계자에게 적절하고, 존중하는 언어를 사용한다.

4. ICF 윤리 강령을 준수하고 핵심 가치를 지지한다.

5. 이해관계자 합의 및 관련 법률에 따라 고객 정보에 대해 비밀 을 유지한다.

6. 코칭, 컨설팅, 심리치료 및 다른 지원 전문직과의 차별성을 유지한다.

7. 필요한 경우, 고객을 다른 지원 전문가에게 추천한다.

팀 코칭 역량

+ 고객인 팀을 단일 개체로 코칭한다.

+ 팀 코칭, 팀 빌딩, 팀 교육, 팀 컨설팅, 팀 멘토링, 팀 촉진 및 기타 팀 개발 방식 간의 구분을 유지한다.

+ 제공되는 팀 개발 양식의 특정 조합을 실행하는 데 필요한 지 식과 기술을 보여준다.

+ 팀이 목표를 달성하는 데 도움이 필요할 때만 더 지시적인 팀 개발 방식을 채택한다.

+ 팀 코칭과 관련된 여러 역할을 수행할 때 신뢰, 투명성 및 명확성을 유지한다.

2. 코칭 마인드셋을 구현한다

정의: 개방적이고 호기심이 많으며, 유연하고 고객 중심적인 사고방식(마인드셋)을 개발하고 유지한다.

1. 코치는 선택에 대한 책임이 고객 자신에게 있음을 인정한다.

2. 코치로서 지속적인 학습 및 개발에 참여한다.

3. 코치는 코칭 능력을 향상시키기 위해 성찰 훈련을 지속한다.

4. 코치는 자기 자신과 다른 사람들이 상황과 문화에 의해 영향 받을 수 있음을 인지하고 개방적 태도를 취한다.

5. 고객의 유익을 위해 자신의 인식과 직관을 활용한다.

6. 감정 조절 능력을 개발하고 유지한다.

7. 정신적, 정서적으로 매 세션을 준비한다.

8. 필요하면 외부자원으로부터 도움을 구한다.

팀 코칭 역량

+ 필요할 때 지원, 개발 및 책무를 위한 코칭 수퍼비전에 참여한다.

+ 객관성을 유지하고 팀 역학 및 패턴을 인식한다.

B. 관계의 공동 구축

3. 합의를 도출하고 유지한다

정의: 고객 및 이해 관계자와 협력하여 코칭 관계, 프로세스, 계획 및 목표에 대한 명확한 합의를 한다. 개별 코칭 세션은 물론 전체 코칭 과정에 대한 합의를 도출한다.

1. 코칭인 것과 코칭이 아닌 것에 대해 설명하고 고객 및 이해관계자에게 프로세스를 설명한다.

2. 관계에서 무엇이 적절하고 적절하지 않은지, 무엇이 제공되고 제공되지 않는지, 고객 및 이해관계자의 책임에 관하여 합의한다.

3. 코칭 진행방법(logistics), 비용, 일정, 기간, 종결, 비밀 보장, 다른 사람의 포함 등과 같은 코칭 관계의 지침 및 특이사항에 대해 합의한다.

4. 고객 및 이해관계자와 함께 전체 코칭 계획 및 목표를 설정한다.

5. 고객과 코치 간에 서로 맞는지(client-coach compatibility)를 결정하기 위해 파트너십을 갖는다.

6. 고객과 함께 코칭 세션에서 달성하고자 하는 것을 찾거나 재확인한다.

7. 고객과 함께 세션에서 달성하고자 하는 것을 얻기 위해 고객 스스로가 다뤄야 하거나 해결해야 한다고 생각하는 것을 분명히 한다.

8. 고객과 함께 코칭 과정 또는 개별 세션에서 고객이 달성하고

자 하는 목표에 대한 성공 척도를 정의하거나 재확인한다.

9. 고객과 함께 세션의 시간을 관리하고 초점을 유지한다.

10. 고객이 달리 표현하지 않는 한 고객이 원하는 성과를 달성
하기 위한 방향으로 코칭을 계속한다.

11. 고객과 함께 코칭 경험을 존중하며 코칭 관계를 종료한다.

팀 코칭 역량

+ 다른 팀 개발 방식과 어떻게 다른 지를 포함하여 팀 코칭이 무
엇이고 무엇이 아닌지 설명한다.

+ 코칭 관계, 프로세스, 계획, 개발 방식 및 목표에 대한 명확한
합의를 공동으로 생성하기 위해 팀 리더, 팀 구성원, 이해 관
계자 및 모든 공동 코치를 포함한 모든 관련 당사자와 파트너
관계를 맺는다.

+ 코칭 프로세스의 소유권을 코치, 리더 및 팀 간에 공유하는
방법을 결정하기 위해 팀 리더와 파트너가 된다

4. 신뢰와 안전감을 조성한다

정의: 고객과 함께, 고객이 자유롭게 나눌 수 있는 안전하고 지지
적인 환경을 만든다. 상호 존중과 신뢰 관계를 유지한다.

1. 고객의 정체성, 환경, 경험, 가치 및 신념 등의 맥락 안에서 고
객을 이해하려고 노력한다.

2. 고객의 정체성, 인식, 스타일 및 언어를 존중하고 고객에 맞
추어 코칭한다.

3. 코칭과정에서 고객의 고유한 재능, 통찰 및 노력을 인정하고 존중한다.

4. 고객에 대한 지지, 공감 및 관심을 보여 준다.

5. 고객이 자신의 감정, 인식, 관심, 신념, 및 제안하는 바를 그대로 표현하도록 인정하고 지원한다.

6. 고객과의 신뢰를 구축하기 위해 인간으로서의 한계를 인정하고 개방성과 투명성을 보여 준다.

팀 코칭 역량

+ 개방적이고 솔직한 팀원 상호작용을 위한 안전한 공간을 만들고 유지한다.

+ 팀을 공통된 정체성을 지닌 하나의 개체로 볼 수 있도록 독려한다.

+ 개별 팀 구성원 및 집단 팀의 감정, 인식, 우려, 신념, 희망 및 제안의 표현을 촉진한다.

+ 모든 팀 구성원의 참여와 기여를 장려한다.

5. 프레즌스를 유지한다

정의: 개방적이고 유연하며 중심이 잡힌 자신감 있는 태도로 완전히 깨어서 고객과 함께 한다.

1. 고객에게 집중하고 관찰하며 공감하고 적절하게 반응하는 것을 유지한다.

2. 코칭 과정 내내 호기심을 보여 준다.

3. 고객과 프레즌스(현존)를 유지하기 위해 감정을 관리한다.

4. 코칭 과정에서 고객의 강한 감정 상태에 대해 자신감 있는 태도로 함께 한다.

5. 코치가 알지 못함의 영역을 코칭할 때도 편안하게 임한다.

6. 침묵, 멈춤, 성찰을 위한 공간을 만들거나 허용한다.

팀 코칭 역량

+ 코칭 과정에서 중요한 것에 집중하기 위해 모든 범위의 감각 및 지각 능력을 사용한다.

+ 팀과 스폰서가 동의하고 팀 코칭 세션에서 팀 코치가 보다 현존(집중)할 수 있다면 다른 코치와 함께 코칭을 진행한다.

+ 팀원들이 잠시 멈추고 팀 코칭 세션에서 상호 작용하는 방식을 성찰하도록 권장한다.

+ 필요에 따라 팀의 대화에 적절하게 참여하고 빠진다

C. 효과적으로 의사소통하기

6. 적극적으로 경청한다

정의: 고객의 시스템 맥락에서 전달하는 것을 충분히 이해하고, 고객의 자기표현(self-expression)을 돕기 위하여 고객이 말한 것과 말 하지 않은 것에 초점을 맞춘다.

1. 고객이 전달하는 것에 대한 이해를 높이기 위해 고객의 상황, 정체성, 환경, 경험, 가치 및 신념을 고려한다.

2. 고객이 전달한 것에 대해 더 명확히 하고 이해하기 위해 반영하거나 요약한다.

3. 고객이 소통한 것 이면에 무언가 더 있다고 생각될 때 이것을 인식하고 질문한다.

4. 고객의 감정, 에너지 변화, 비언어적 신호 또는 기타 행동에 대해 주목하고, 알려 주며 탐색한다.

5. 고객이 전달하는 내용의 완전한 의미를 알아내기 위해 고객의 언어, 음성 및 신체 언어를 통합한다.

6. 고객의 주제(theme)와 패턴(pattern)을 분명히 알기 위해 세션 전반에 걸쳐 고객의 행동과 감정의 흐름(trends)에 주목한다.

팀 코칭 역량

+ 각 팀 구성원이 공유한 관점이 다른 팀 구성원의 견해 및 팀 대화와 어떻게 관련되는지 확인한다.

+ 각 팀 구성원이 집합적인 팀 에너지, 참여 및 집중에 어떻게 영향을 미치는지 확인한다.

+ 잠재적 동맹, 갈등 및 성장 기회를 식별하기 위해 팀 구성원 간의 언어 및 비언어적 의사소통 패턴을 확인한다.

+ 공동 코치 또는 다른 전문가와 함께 작업할 때 자신감 있고 효과적인 의사소통 및 협업의 모델이 된다.

+ 팀이 대화를 소유하도록 독려한다.

7. 알아차림을 불러일으킨다

정의: 강력한 질문, 침묵, 은유(metaphor) 또는 비유(analogy)와 같은 도구와 기술을 사용하여 고객의 통찰과 학습을 촉진한다.

1. 가장 유용한 것이 무엇인지 결정할 때 고객의 경험을 고려한다.

2. 알아차림이나 통찰을 불러일으키기 위한 방법으로 고객에게 도전한다.

3. 고객의 사고방식, 가치, 욕구 및 원함 그리고 신념 등 고객에 대하여 질문한다.

4. 고객이 현재의 생각을 뛰어 넘어 탐색하도록 도움이 되는 질문을 한다.

5. 고객이 이 순간에 경험하고 있는 것을 더 많이 공유하도록 초대한다.

6. 고객의 발전(client's progress)을 위해 무엇이 잘되고 있는지에 주목한다.

7. 고객의 욕구에 맞추어 코칭 접근법을 조정한다.

8. 고객이 현재와 미래의 행동, 사고 또는 감정 패턴에 영향을 미치는 요인을 식별하도록 도와준다.

9. 고객이 어떻게 앞으로 나아갈 수 있는지, 무엇을 하려고 하고 할 수 있는지 생각해 내도록 초대한다.

10. 관점을 재구성(reframing)할 수 있도록 고객을 지원한다.

11. 고객이 새로운 학습을 할 수 있는 잠재력을 갖도록 관찰, 통찰 및 느낌을 있는 그대로 공유한다.

팀 코칭 역량

+ 팀의 가정, 행동 및 의미 형성 프로세스에 도전하여 집단적 인식 또는 통찰력을 향상시킨다.

+ 질문 및 기타 기술을 사용하여 팀 개발을 촉진하고 집단 대화에 대한 팀의 주인의식을 촉진한다.

D. 학습과 성장 북돋우기
8. 고객의 성장을 촉진한다

정의: 고객이 학습과 통찰을 행동으로 전환할 수 있도록 협력한다. 코칭 과정에서 고객의 자율성을 촉진한다.

1. 새로운 알아차림, 통찰, 학습을 세계관 및 행동에 통합하기 위해 고객과 협력한다.

2. 새로운 학습을 통합하고 확장하기 위해 고객과 함께 고객의 목표와 행동, 그리고 책임 측정 방안(accountability measures)을 설계한다.

3. 목표, 행동 및 책임 방법을 설계하는 데 있어서 고객의 자율성을 인정하고 지지한다.

4. 고객이 잠재적 결과를 확인해 보거나 이미 수립한 실행 단계로부터 배운 것을 지지한다.

5. 고객이 지닌 자원(resource), 지원(support) 및 잠재적 장애물 (potential barriers)을 포함하여 어떻게 자신이 앞으로 나아갈지에 대해 고려하도록 한다.

6. 고객과 함께 세션에서 또는 세션과 세션 사이에서 학습하고
   통찰한 것을 요약한다.
7. 고객의 진전과 성공을 축하한다.
8. 고객과 함께 세션을 종료한다.

팀 코칭 역량

+ 팀이 목표와 목표를 달성하기 위한 단계를 식별하는 데 도움
  이 되도록 대화와 성찰을 장려한다.

* 이 업데이트된 ICF 핵심역량의 한글 번역본은 ICF Korea Charter Chapter에서 마련하
였으며, 2020년 9월 8일에 게재하였습니다. 이 문서의 공식 번역본은 ICF 글로벌 웹사
이트 www.coachfederation.org에서 찾아보실 수 있습니다.

ICF 팀 코칭 역량: 일대일 코칭을 넘어

서론

팀은 지속적으로, 장기간에 걸쳐 성과를 잘 내고자 하는 욕구를 갖고 있기 때문에 지속적인 팀 개발이 필요하다. 그 결과 팀 코칭은 빠르게 성장하고 있다. 팀 코칭은 팀이 지속 가능한 결과와 지속적인 개발을 가능하게 해 주는 경험이다. 높은 팀 성과를 달성하려면 목표를 향해 정렬하고, 혁신을 유지하며, 내부 및 외부 변화에 빠르게 적응해야 하므로 팀 코칭은 기업 환경에서 점점 더 중요한 개입이 되고 있다. 팀 코칭은 팀 빌딩, 팀 교육, 팀 컨설팅, 팀 멘토링, 팀 퍼실리테이션, 팀 코칭과 같은 방식과 함께 팀 개발이라는 우산 아래 존재한다. 이러한 양식은 〈부록 표 1〉에서 추가로 비교된다.

일련의 팀 코칭 역량을 개발하기 위해 ICF는 철저한 증거 기반 연구 프로젝트를 설계했다. 이 연구의 목적은 ICF 핵심 역량 외에 팀 코치가 사용하는 지식, 스킬, 능력, 그리고 다른 특성들을 KSAO(Knowledge, Skills, Abilities, and Other Characteristics) 파악하는 것이었다.

이를 위해 다음과 같은 활동이 진행되었다.

- 종합적인 문헌 검토
- 팀 코칭 주요 사례의 개발
- 팀 코칭 경험을 이해하기 위한, 그리고 일대일 코칭과의 차이를 알기 위한 과제 및 KSAO 화상 워크숍
- 팀 코치가 코칭 참여를 경험하는 방식과 팀 코칭이 그들에게 직업으로서 의미하는 바를 이해하기 위한 반구조화된 인터뷰
- 특정 팀 코칭 과제 및 KSAO의 중요성과 촉진과의 관계를 결정하기 위한 글로벌 설문조사
- 모든 직무 분석 데이터를 검토하는 역량 모델 워크숍

팀 코칭을 팀 교육, 컨설팅 또는 멘토링과 통합하는 것을 고려할 때 주의해야 한다. 이 세 가지 양식은 직접적으로 제시를 하기 때문에 팀 코칭과 구별된다. 일부 팀 코치는 이 세 가지 방식을 팀 코치가 수행해서는 안 된다고 생각한다. 그렇게 하면 팀에 혼란을 야기하고 코치가 코치로서의 기능을 제대로 수행하는 데 방해가 될 수 있기 때문이다. 그럼에도 불구하고 데이터를 보면, 팀 코치는 팀 구성원 간의 대화를 촉진하기 위해 종종 의도치 않게 퍼실리테이션을 자주 사용한다고 한다. 퍼실리테이션은 커뮤니케이션의 명확성을 강화하는 것이다. 이 경우 표면적인 선에 머물며 팀의 역동성에 대한 분석으로까지는 들어가지 않는다. 반면에 팀 코칭은 퍼실리테이션보다 깊게 들어간다. 팀원 개개인의 성격과 그 사이의 관계

의 수면 아래를 들여다보며, 이것이 팀 성과에 어떻게 영향을 주는 지를 탐색한다. 팀 코칭과 퍼실리테이션을 명확하게 구별하기는 어렵다. 하지만, 퍼실리테이션과 코칭은 같은 선상에 있으며 좋은 팀 코치는 이 선상을 자유롭게 오간다.

팀 코칭은 다면적이기 때문에 팀 코치는 개인보다 팀과 함께 일 할 때 훨씬 더 광범위한 지식 기반을 가지고 있어야 한다. 그들은 갈등을 식별하고 해결하는 방법, 팀 내의 권력 역학을 인식하는 방 법, 높은 성과를 내는 팀에 필요한 것이 무엇인지 이해하고, 팀 결 속력을 구축하는 방법을 알고, 규칙과 규범을 개발하고, 모두의 참 여와 기여를 장려하는 방법, 팀 자율성과 지속 가능성을 촉진하는 방법을 이해해야 한다. 개인, 일대일 코칭에서 코치는 코칭 이외의 방식으로 전환할 때 주의를 기울이는 경우가 많다. 팀 코칭에서는 다양한 방식 간의 구분이 그렇게 분명하지 않을 수 있다. 다양한 방 식에 관해 고객과 공유할 정보의 양을 결정하는 것은 개별 코치에 게 달려 있다. 팀 역학과 성과에 영향을 미치는 요인의 복잡성으로 인해 팀 코치는 종종 고객과 1:1로 작업할 때보다 더 지시적이어야 한다. 수퍼비전은 작업의 복잡성과 팀 코치가 내부 팀 역학에 쉽게 빠져들 수 있기 때문에 팀 코치에게도 더 중요하다.

〈부록 표 1〉 팀 개발 방식

| | 팀 개발 | | | | | |
| | 장기적으로 많은 양식, 많은 주체가 포함됨 | | | | | |
	팀 빌딩	팀 교육	팀 컨설팅	팀 멘토링	팀 퍼실리테이션	팀 코칭
기간	단기, 1~5일	단기, 1~5일	매우 다양	오랜 시간에 걸쳐 띄엄띄엄	단기, 1~5일	장기, 수개월
과정	활동	커리큘럼을 가지고 팀과 함께 작업	컨설턴트의 전문성 공유	멘토의 공유	대화 촉진	팀과 코치의 파트너십
성장 영역	강화된 관계	새로운 지식이나 기술	추가적인 통찰	새로운 지식	명확성	달성한 목표; 팀 지속 가능성
팀 역학; 갈등 해결	최소	최소	최소, 자문	최소	최소	필수
전문가: 주제	강사	트레이너	컨설턴트	멘토	퍼실리테이터, 팀	팀

ICF 팀 코칭 역량: 핵심 역량 프레임워크 확장

이 문서는 전문 코치가 팀 코칭 실습에 효과적으로 참여하는 데 필요한 추가 지식과 스킬을 제공하며, ICF는 팀 코칭을 공동의 목적과 공유된 목표를 달성하기 위해 능력과 잠재력을 최대화하도록 영감을 주는 방식으로 팀과 팀의 역동성 및 관계와 함께 공동 창조적이고 성찰적인 과정에서 파트너가 되는 것으로 정의한다.

ICF 팀 코칭 역량은 팀과 함께 일하는 데 필요한 고유한 지식, 스킬 및 과제를 이해하는 팀 코치 실무자를 지원한다. 그러나 코칭을 하는 데 있어서의 핵심에는 모든 코칭 실습의 토대를 제공하는 ICF 핵심 역량이 있다.

ICF 팀 코칭 역량 모델의 각 요소는 ICF 핵심 역량의 구조에 맞춰 구성된다. 맥락적 뉘앙스, 역동성, 그리고 팀 코칭을 하는 데 있어 필요한 추가적인 것들은 ICF 핵심 역량 및 실행지침을 참조하면 된다. 8개의 ICF 핵심 역량 외에 팀 코칭을 위해 새로운 역량이 필요하지는 않지만, 효과적인 팀 코치 실무자가 되기 위해서는 몇 가지 새로운 하위 역량이 필요하다. 〈부록 표 2〉는 ICF 핵심 역량 모델 외에 필요한 팀 코칭에 대한 추가 사항을 제공한다.

ICF 핵심 역량과 ICF 팀 코칭 역량 간의 중요한 차이점은 고객의 특성이다. ICF 핵심 역량에서 '고객'이라는 용어는 종종 개인을 나타내는 반면, 팀 코칭 맥락에서 고객은 여러 개인으로 구성된 단일 개체로서의 팀이다. 그러나 팀 코칭 맥락에서 팀 코칭 역량과 함께 적용될 때 핵심 역량에서 '고객'이라는 용어는 개인이 아닌 '팀'을 나타낸다.

다음의 내용들은 ICF 핵심 역량과 연관 지어 팀 코칭 역량을 세분화한 것이다. 우선 각 역량의 배경을 설명한 후 두 개의 역량 모델이 어떻게 상호작용하는지 시각적으로 보여 준다.

〈부록 표 2〉

ICF 핵심 역량에 대한 ICF 팀 코칭 역량 보완	배경
A. 기초 세우기	
1. 윤리적 실천을 보여 준다	
+ 고객인 팀을 단일 개체로 코칭한다.	팀 코치의 고객은 단일 개체로서의 팀이다. 팀은 개별 팀 구성원으로 구성되며 각 구성원의 의견은 존중되어야 하고, 각자 팀 토론에서 중요한 역할을 해야 한다. 또한 팀 코치는 팀 구성원, 스폰서 및 관련 이해관계자와의 모든 상호작용에서 객관적이어야 한다. 팀 코치는 팀의 하위 그룹이나 개별 구성원의 편을 드는 것으로 인식되어서는 안 된다. 세션에서 일어나는 일들에 열린 태도를 가지며, 팀을 다루는 모든 과정에서 전적으로 솔직해야 한다. 개별 팀 구성원과의 토론은 팀 구성원이 팀 코칭 계약에 따라 다른 사람에게 정보 공개를 허용하지 않는 한 팀 코치 및 팀 구성원에게 기밀로 유지되어야 한다.

+ 팀 코칭, 팀 빌딩, 팀 교육, 팀 컨설팅, 팀 멘토링, 팀 촉진 및 기타 팀 개발 방식 간의 구분을 유지한다.	팀 개발에는 팀 코칭, 팀 빌딩, 팀 교육, 팀 컨설팅, 팀 멘토링 및 팀 퍼실리테이션을 포함한 많은 양식이 포함될 수 있다. 팀 코치는 특정 형태의 팀 코칭이 필요하거나 특정 지식과 기술 수준이 필요할 때 다른 전문가와 협력해야 한다. 이러한 양식의 차이는 항상 강조할 필요는 없지만, 코칭 이외의 개입이 수행되는 경우 주의해야 한다. 팀 코치는 고객을 여러 유형의 전문가에게 소개하고 공동 코치, 수퍼바이저 또는 기타 팀 개발 전문가의 도움을 받아야 할 수도 있다.
+ 제공되는 팀 개발 양식의 특정 조합을 실행하는 데 필요한 지식과 기술을 보여 준다.	팀 코치는 팀 코치가 팀 코칭 참여의 일부로 제공하는 모든 팀 개발 방식을 능숙하게 실행할 수 있을 만큼 충분히 숙련되어 있다.
+ 팀이 목표를 달성하는 데 도움이 필요할 때만 더 지시적인 팀 개발 방식을 채택한다.	일반적으로 팀 코치가 고객과 일대일로 작업할 때보다 더 지시적일 경우가 많다. 그러나 이러한 경우는 팀의 성장 영역에 대한 인식을 높이고 팀 코칭 프로세스를 이해하는 데 도움이 되는 지시적 접근이 필요한 기회로 제한되어야 한다. 이는 팀 코칭 세션에서 긍정적이고 부정적인 팀 역학을 언급하고 앞으로 나아갈 방법을 소개하는 중요한 순간이 될 수 있다. 이러한 지시적인 순간은 현재 상황에 대한 팀의 관점을 좁히기보다는 넓혀 준다.
+ 팀 코칭과 관련된 여러 역할을 수행할 때 신뢰, 투명성 및 명확성을 유지한다.	팀 코치가 여러 팀 개발 방식을 제안하는 경우, 코치는 이러한 다양한 역할과 한 역할이 다른 역할에 미치는 영향에 대해 명확해야 한다.

2. 코칭 마인드셋을 구현한다	
+ 필요할 때 지원, 개발 및 책무를 위한 코칭 수퍼비전에 참여한다.	팀 코치가 팀 역학에 얽매이고 해결해야 할 문제를 인식하지 못하는 것은 쉬울 수 있다. 이 때문에 팀 코치는 코칭 수퍼바이저와 협력해야 한다. 팀 코칭은 한번에 많은 팀원의 의견을 받기 때문에 일대일 코칭보다 훨씬 더 강도가 높을 수 있다. 수퍼비전은 과거 사건에 대한 성찰, 과거 순간 또는 현재 순간에서 코치의 역할에 대한 인식 및 코치의 행동에 미치는 영향을 활용한다. 수퍼바이저는 중립적 관찰자로서 팀 코치에게 훌륭한 자원이며, 성찰적 실습과 팀 코칭 과정에서 그 역할을 돕는다.
+ 객관성을 유지하고 팀 역학 및 패턴을 인식한다.	팀은 독특한 개성, 지식, 스킬 및 동기를 가진 개인으로 구성된다. 함께 일하는 이들 개인의 조합은 권력, 통제, 전문성 및 서로 다른 목표의 많은 역동성을 가져올 것이다. 팀 코치는 이러한 역학 관계가 팀 상호작용, 팀 의제, 내부 갈등, 신념, 동맹에서 어떻게 작용할 수 있는지 알고 주의해야 하며 항상 객관적인 상태를 유지해야 한다.
B. 관계의 공동구축	
3. 합의를 도출하고 유지한다	
+ 다른 팀 개발 방식과 어떻게 다른지를 포함하여 팀 코칭이 무엇이고 무엇이 아닌지 설명한다.	팀 코치가 팀 코칭과 다른 팀 개발 방식 간의 차이점을 강조하는 것이 중요하다. 개인의 고유한 성격을 감안할 때, 팀들은 팀과 팀 코치 사이의 적합성을 결정하는 과정에 보다 의식적으로 집중해야 한다.

+ 코칭 관계, 프로세스, 계획, 개발 방식 및 목표에 대한 명확한 합의를 공동으로 생성하기 위해 팀 리더, 팀 구성원, 이해 관계자 및 모든 공동 코치를 포함한 모든 관련 당사자와 파트너 관계를 맺는다.	팀 코칭 계약은 개별 팀 구성원과 공동 코치를 포함한 모든 당사자가 동의할 수 있어야 하며, 해당하는 경우 스폰서뿐만 아니라 한 사람과 작업할 때도 적용된다. 팀 코칭 세션에서 일어나는 일에 대한 기밀 유지는 물론 팀 코치와 개별 팀원 간의 사적인 논의도 다루어야 한다. 조직의 문화, 사명, 전반적인 맥락이 팀 코칭 참여에 영향을 미치는 역할과 정도를 고려하는 것도 중요하다.
+ 코치, 팀의 리더 그리고 팀이 어떤 방법으로 코칭 프로세스의 주도권을 공유할지를 결정하기 위해 팀의 리더와 협력한다.	팀 코칭을 진행하는 목적 중에 하나는 팀의 지속성을 키워 코치 없이도 앞으로 나아가는 추진력을 유지하는 것이다. 처음에는 코치가 주도권을 가지고 코칭 과정을 진행하지만 주도권이 어떻게 점차적으로 리더와 하나의 개체로서의 팀에게 넘어갈지에 관한 합의가 필요하다.
4. 신뢰와 안전감을 조성한다	
+ 개방적이고 솔직한 팀원 상호작용을 위한 안전한 공간을 만들고 유지한다.	각 팀원이 자유롭고 의미 있게 참여할 수 있도록, 팀 코치는 팀원들이 자유롭게 의견을 달리하거나 민감한 주제를 제기할 수 있는 안전한 공간을 만들어야 한다. 개별 고객과 작업할 때, 코치는 고객의 문화적 맥락을 인식하고 존중한다. 팀 코칭에서 팀은 조직 문화의 변형인 고유한 문화를 가질 수 있으며, 이러한 것들은 팀 코칭 참여에 복잡성을 추가할 수 있다.
+ 팀을 공통된 정체성을 지닌 하나의 개체로 볼 수 있도록 독려한다.	팀 지속 가능성의 요소는 팀이 하나의 고성능 단위라는 각 구성원의 관점이다. 팀 코치는 지속적으로 팀의 정체성 정립 및 스스로 충만감을 느낄 수 있도록 독려해야 한다.
+ 개별 팀 구성원의 및 집단 팀의 감정, 인식, 우려, 신념, 희망 및 제안의 표현을 촉진한다.	팀 코치는 팀원들이 팀 회의에서 개별 감정, 인식, 우려, 신념, 희망 및 제안을 공유하기 위해 자유롭게 말할 수 있도록 격려해야 할 수도 있다. 코치가 팀의 집단적 감정, 인식, 우려, 신념 및 희망을 이해하고 명확히 하는 것도 중요하다.

+ 모든 팀 구성원의 참여와 기여를 장려한다.	각 팀원의 지식과 스킬을 최대한 활용하는 것이 중요하다.
+ 팀과 협력하여 팀 규칙 및 규범을 개발, 유지 및 반영한다.	규칙과 규범은 팀의 생산성을 높이고 더 높은 성과를 내는 데 도움이 될 수 있다. 이러한 규칙과 규범의 명료화와 성문화는 팀이 보다 더 자생하는 데 도움이 될 수 있다.
+ 팀 내 효과적인 의사소통을 촉진한다.	팀 구성원 간의 원활한 의사소통은 종종 도전이 될 수 있지만 정보의 원활한 흐름은 팀 성공에 필수적이다. 팀 코치는 팀 개별 구성원의 커뮤니케이션이 팀으로 전달되도록 하고 코치에게 전달될 때는 다시 이를 팀으로 돌려 팀 내에서 소통이 원활하게 이루어질 수 있도록 해야 한다.
+ 내부 갈등을 식별하고 해결하기 위해 팀과 협력한다.	모든 팀 내에서는 갈등이 생길 수밖에 없다. 모든 갈등을 표면으로 드러내고 학습과 성장을 촉진하는 건설적인 방식으로 해결하는 것이 중요하다.
5. 프레즌스를 유지한다	
+ 코칭 과정에서 중요한 것에 집중하기 위해 모든 범위의 감각 및 지각 능력을 사용한다.	팀 코치는 넘치는 정보를 소화해야 하는 경우가 자주 있을 것이기 때문에 전체 코칭을 하는 동안 모든 감각을 동원하여 실제로 일어나고 있는 상황에 대한 인식과 인지가 필요하다.
+ 팀과 스폰서가 동의하고 팀 코칭 세션에서 팀 코치가 보다 현존할 수 있다면 다른 코치와 함께 코칭을 진행한다.	팀 코칭 세션 중에 나오는 상당한 양의 정보를 감안할 때 공동 코치와 함께 작업하면 단일 팀 코치의 부담을 덜어 줄 수 있다. 공동 코치는 팀 역학, 팀 및 개별 행동 패턴을 관찰하고, 대안적 관점을 제공하고, 팀 행동을 모델링하는 데 도움을 줄 수 있다.
+ 팀원들이 잠시 멈추고 팀 코칭 세션에서 상호 작용하는 방식을 성찰하도록 권장한다.	팀원들이 잠시 멈추고 성찰하도록 격려하는 것은 팀을 위한 반영적 실습 작업의 시작을 가져온다. 그런 다음 팀 코치는 현재 또는 미래의 팀 상호 작용에서 자신의 행동, 후속 행동 및 잠재적 개선에 대한 인식을 높이는 작업을 수행할 수 있다.

+ 팀의 대화에 적절하게 참여하고 빠진다.	팀 코칭의 목적 중 하나는 팀이 자급자족하는 것이므로, 팀 코치는 팀 프로세스와 성과를 향상시키기 위해 필요한 만큼만 대화에 참여해야 한다. 팀 코치는 팀 전체를 위해 그리고 각 팀원 개인을 위해 동시에 프레즌스를 보여 줘야 한다. 이것은 강도가 높은 순간과 많은 팀 구성원이 참여하는 경우 도전이 될 수 있다.

C. 효과적으로 의사소통하기

6. 적극적으로 경청한다

+ 각 팀 구성원이 공유한 관점이 다른 팀 구성원의 견해 및 팀 대화와 어떻게 관련되는지 확인한다.	팀 구성원이 공유된 이해와 그에 따른 높은 성과를 위해 잘 듣고 의사소통하는 것이 중요하다. 말하는 내용의 표면 아래를 탐색하면 종종 더 깊은 의미와 이해가 나타난다. 이것은 갈등을 해결하고 혁신 및 문제 해결 세션을 강화하는 데 도움이 될 수 있다.
+ 각 팀 구성원이 집합적인 팀 에너지, 참여 및 집중에 어떻게 영향을 미치는지 확인한다.	팀 코치는 팀 추진력, 참여, 창의성 및 집중에 도움이 되거나 방해가 되는 개별 팀원 행동을 조명하여 팀 성과를 크게 향상시킬 수 있다.
+ 잠재적 동맹, 갈등 및 성장 기회를 식별하기 위해 팀 구성원 간의 언어 및 비언어적 의사소통 패턴을 확인한다.	팀 역학을 관찰하고 이해하고 향상시키는 것은 팀 성과를 향상시키는 데 중요한 요소가 될 수 있다. 팀 코치는 구두 및 비언어적 의사소통에서 분명하게 드러나는 팀 역학의 미묘함을 관찰할 수 있어야 한다.
+ 공동 코치 또는 다른 전문가와 함께 작업할 때 자신감 있고 효과적인 의사소통 및 협업의 모델이 된다.	팀 구성원 간의 원활한 의사소통은 높은 성과를 위해 필수적이다. 팀 코치는 공동 코치 및 다른 전문가와 함께 작업할 때 이 행동을 모델링할 수 있다.

+ 팀이 대화를 소유하도록 독려한다.	팀 구성원은 특히 팀 코칭 참여가 시작될 때, 팀 코치와 직접 의사소통하는 경향이 있다. 지속 가능성을 강화하기 위해 팀 코치는 지속적으로 대화를 내부로, 다시 팀으로 돌려야 한다. 팀으로써 선택을 하는 것은 복잡할 수 있다. 하지만, 많은 팀원들에게서 데이터를 모으면 신뢰와 전문성의 요소를 가져오게 된다. 팀은 데이터 처리 방법과 의사 결정 방법을 결정해야 한다. 팀이 이러한 문제를 해결하도록 돕는 것이 팀 촉진과 더 일치할 수 있지만 팀이 자급자족하도록 하는 프로세스는 팀 코칭의 기능이다.
7. 알아차림을 불러일으킨다	
+ 팀의 가정, 행동 및 의미 형성 프로세스에 도전하여 집단적 인식 또는 통찰력을 향상시킨다.	많은 개인으로 구성된 팀은 집합적인 노력에 수많은 가정, 경험, 행동 및 의미 형성 과정을 가져온다. 이러한 요소의 다양성을 확인하지 않고 방치하면 팀 기능 장애로 이어질 수 있지만, 적절히 활용하면 팀 성과를 크게 향상시킬 수 있다.
+ 질문 및 기타 기술을 사용하여 팀 개발을 촉진하고 집단 대화에 대한 팀의 주인의식을 촉진한다.	1:1 코칭과 마찬가지로 질문 및 기타 기술을 사용하여 팀 개발을 강화해야 하지만, 팀 코칭에서는 그것에 더해 팀 내부의 대화와 팀 자체적으로 문제를 해결해 나갈 수 있도록 독려해야 한다.
D. 학습과 성장 북돋우기	
8. 고객의 성장을 촉진한다	
+ 팀이 목표와 목표를 달성하기 위한 단계를 식별하는 데 도움이 되도록 대화와 성찰을 장려한다.	모든 팀원의 지식과 스킬을 최대한 활용하려면 팀 대화와 성찰이 필수적이다. 완전한 참여를 장려하면 적절한 목표를 확인하여 팀 성과를 극대화하는 데 도움이 된다.

* ICF 팀 코칭 역량 한글 번역본은 ICF Korea Charter Chapter 에서 마련하였으며 2021년 9월 16일에 게재하였습니다. 이 문서의 공식 번역본은 ICF 웹사이트 https://coachingfederation.org/team-coaching competencies에서 찾아보실 수 있습니다.

참고문헌

구자호(2015). 그룹코칭 워크북. 올림

고현숙(2018). 유쾌하게 자극하라. 올림

김종명, 여재호, 이해원(2021). 그룹코칭. 플랜비디자인.

김현숙(2017). 비거게임: 나와 세상을 바꾸는 9가지의 기적. 올림.

박창규, 원경림, 유성희(2022). 코칭 핵심 역량. 학지사.

Bieri, P. (2015). 자기결정[Wie Wollen Wir Leben?]. 문항심 역. 은행나무. (원서는 2006년 출간).

Clutterbuck, D. (2007). Coaching the Team at Work. Nicholas Brealey.

Dimas, I. D., Rebelo, T., & Lourenço, P. R. (2016). Team coaching: One more clue for fostering team effectiveness. European Review of Applied Psychology, 66(5), 233-242.

Goldsmith, M. (2013). What got you here won't get you there. Profile Books.

Hackman, J. R., & Wageman, R. (2005). A Theory of Team Coaching. Dartmouth College.

Hawkins, P. (2011). Leadership Team Coaching: Developing collective Transformational Leadership (1st ed.). Kogan page

Hawkins, P., & Smith, N. (2018). 코칭, 멘토링, 컨설팅에 대한 슈퍼비전

[Coaching, Mentoring and Organizational Consultancy (2nd ed.)]. 고현숙 역. 박영사. (원서는 2013년 출간).

Hawkins, P. (2021). *Leadership Team Coaching: Developing collective transformational leadership (4th ed.)*. Kogan Page.

Herb, E., Leslie, K., & Price, C. (2018). *Team work at the top*. McKinsey Quarterly.

Hudson Institute of Coaching. (2014). Team Coaching Project In fulfillment of the requirements to complete the Master Coach Program.

Katzenbach, J. R., & Smith, D. K. (1992). *The Wisdom of Teams*. Harvard Business Review Press.

Maxwell, M. (2015). 성공의 법칙[*Psycho-Cybernetics*]. 신동숙 역. 비즈니스 북스. (원서는 1960년 출간).

McChrystal, S., Collins, T., Silverman, D., & Fussell, C. (2016). 팀 오브 팀스[*Team of Teams: New Rules of Engagement for a Complex World*]. 고영훈 역. 이노다임북스. (원서는 2015년 출간).

Palmer, A. (2015). When Teambuilding Fails. *Successful Meetings, 64*(8), 52-53.

Porter, M., & Mark, K. (2011). Creating Shared Value. *Harvard Business Review, (January-February, 2011)*.

Sandahl, P., & Phillips, A. (2019). *Teams Unleashed: How to Release the Power and Human Potential of Work Teams*. Nicholas Brealey Publishing.

Tuckman, B. W. (1965). Developmental sequence in small groups. *Psychological Bulletin, 63*(6), 384-399.

Thompson, L. L. (2008). *Making the team: A guide for managers (3rd ed.)*. Pearson Education.

Wageman, R. (2001). How leaders foster self-managing team

effectiveness: Design choices versus hands-on coaching. *Organization Science, 12*(5), 559-577.

Wiener, N. (1961). *Cybernetics, or Control and Communication in the Animal and the Machine.* M.I.T. Press.

榎本英剛. (2004). 부하의 능력을 열두 배 키워 주는 마법의 코칭 [部下を伸ばすコーチング]. 황소연 역. 새로운제안. (원서는 2001년 출간).

Clutterbuck, D. (2013). TEAM COACHING. https://clutterbuck-cmi.com/programmes-2/team-coaching/

Gallup. (2020). Leading High Performance Team. https://www.gallup.com/learning/310025/leading-high-performance-teams.aspx

Gallup. (2021, October 13). Remote Work Persisting and Trending Permanent. https://news.gallup.com/poll/355907/remote-work-persisting-trending-permanent.aspx

Gallup. (2023). State of the Glocal Workplce Report. https://www.gallup.com/workplace/349484/state-of-the-global-workplace.aspx

Saad, L., & Wigert, B. (2021). Remote Work Persisting and Trending Permanent. Gallup. https://news.gallup.com/poll/355907/remote-work-persisting-trending-permanent.aspx

Wageman, R., & Lehman, E. (2017). Team Diagnostic Survey—Team Report. https://6teamconditions.com/services/diagnostics

Wegeman, R. & Lowe, K. (2020) 6 Conditions—The Science & Art of Great Teams. https://6teamconditions.com/podcasts/podcast/episode-001-launch-episode

저자 소개

권은경(Kwon, Eun-kyung)

국제코칭연맹(ICF)의 마스터 코치(MCC)이며 코치들에게 '코칭 선생'으로 불린다. 교육코치개발원의 대표코치이다. 코칭 교육 개발 및 코칭 교수자 역량 개발을 지원하며, ㈜어치브코칭의 파트너 코치로서 인터널 코칭 전문가 교육 및 팀 코칭 연구, 적용에 참여하고 있다. '信뢰로운 코치되기' '유연한 코치되기' 'ALIVE 코칭' '슈퍼리더십코치' 등의 과정을 개발, 운영 중이다. 개인이나 그룹으로 강점 코칭, 멘토 코칭, 코칭 슈퍼비전을 제공하고 있다. 경희대학교 일반대학원에서 교육행정학 박사 과정을 수료하였고 현재 경희대학교 교육대학원에 출강 중이다. 『코칭 핵심 역량 (학지사, 2019)』을 저술하였고 코칭 핵심 역량에 기반하여 전문 코치, 인터널 코치를 고품격으로 육성하고 있다.

김종철(Kim, Jong-choul)

㈔한국코치협회(KCA) 인증 코치(KPC), 국제코칭연맹(ICF) 전문 코치(PCC) 그리고 美 Gallup 인증 강점 코치이다. 현재는 ㈜코칭경영원 파트너 코치로 개인과 팀 코칭을 진행하고 코치들을 위한 멘토 코칭, 코칭 슈퍼비전을 제공하고 있다. 반도체 디스플레이 LED와 제약 산업 글로벌 재료 장비회사의 지사장으로 22년간 재직했다. 코칭을 조직의 현장에서 직접 활용하며 조직 문화를 변화시키고 사업성과를 낸 실전 경험이 있다. University of Southern California에서 재료공학 박사 학위를 받았고 연세대학교와 국민대학교 경영대학원에서 리더십과 코칭 분야를 전공했다. 『타인의 성장(클라우드나인, 2021)』 저자이다. 코칭을 통해 성장과 행복을 지원하고자 한다.

김현숙(Kim, Hyun-sook)

국제코칭연맹(ICF)의 마스터 코치(MCC)로, ㈜비거게임코리아의 대표 코치이다. 서울과학종합대학원대학교에서 경영학 박사 취득 후, 경영대학에서 리더십과 코칭 관련 분야를 가르치고 있다. 『비거게임(올림, 2017)』『5분의 혁명 감정리폼(씽크스마트, 2021)』도서 출간 이후 의식과 무의식에 내재된 모든 잠재력을 발휘하여 개인과 조직의 성공적인 리더십 스토리를 만들어 가도록 지속적으로 지원하고 있다.

남윤정(Nam, Yoon-jung)

㈔한국코치협회(KCA) 인증 슈퍼바이저 코치(KSC), 국제코칭연맹(ICF) 전문 코치(PCC) 자격을 보유하고 있다. 현재 다수의 기업과 기관의 리더, 전문가를 대상으로 일대일 코칭과 강점 코칭, 그룹 코칭 및 팀 코칭을 제공하고 있다. 국민대학교 경영대학원에서 리더십과 코칭 전공으로 경영학 석사, 고려대학교 언론대학원에서 방송영상 전공으로 언론학 석사 학위를 취득했다. 홍익인간 정신을 기반으로 개인과 조직을 이롭게 하기 위한 자기인식, 리더십, 커뮤니케이션, 협력 관계, 자기표현의 실천 등에 도움을 주는 것을 인생의 중요한 역할로 삼고 있다.

이형준(Lee, Hyung-joon)

㈔한국코치협회 인증 KSC이며 ㈜어치브코칭의 대표코치이자 CEO이다. 카이스트 경영대학원에서 MBA 과정과 최고 컨설턴트 과정을 마쳤다. 2020년 ㈜어치브코칭을 설립해 비즈니스 전문 코치의 체계적 육성을 위해 1체인지 코칭, 인터널 코칭 전문가 과정 등 다양한 과정을 만들어 성장을 지원하고 있다. 한국포럼 비즈니스 코칭센터에서 10년간 코칭센터장으로 활동했으며 지금까지 145개 기업을 대상으로 강의와 코칭을 진행해 왔다. 한국로슈, 한국애브비, 한국다이이찌산쿄, LG화학, LG U+, SK케미칼 등 5년 이상 장기적으로 관계를 가져가는 고객사가 많다. 『FiRE! 불붙는 조직만들기(쌤앤파커스, 2015)』를 출간한 이후 지속적으로 팀 코칭을 연구, 적용하고 있다.

팀이 내 맘대로 안 돌아갈 때는

팀 코칭 ALIGN

Team Coaching for Performance, ALIGN

2023년 8월 30일 1판 1쇄 인쇄
2023년 9월 10일 1판 1쇄 발행

지은이 • 권은경 · 김종철 · 김현숙 · 남윤정 · 이형준
펴낸이 • 김진환
펴낸곳 • ㈜**학지사**

04031 서울특별시 마포구 양화로 15길 20 마인드월드빌딩
대표전화 • 02-330-5114   팩스 • 02-324-2345
등록번호 • 제313-2006-000265호

홈페이지 • http://www.hakjisa.co.kr
인스타그램 • https://www.instagram.com/hakjisabook

ISBN 979-11-982113-3-0 03320

정가 17,000원

┃ 출판미디어기업 학지사

간호보건의학출판 **학지사메디컬** www.hakjisamd.co.kr
심리검사연구소 **인싸이트** www.inpsyt.co.kr
학술논문서비스 **뉴논문** www.newnonmun.com
교육연수원 **카운피아** www.counpia.com